AF533237

Mythos Gold

Spurensuche in Thüringen

Mythos Gold
Spurensuche in Thüringen

Ulrich Brunzel

unter Mitwirkung von

Klaus Müller, Schmiedefeld (Lichtetal)

RHINOVERLAG

Nach Golde drängt,
am Golde hängt doch alles. Ach wir Armen!

Johann Wolfgang von Goethe,
Faust I

Der Autor

Der Autor Ulrich Brunzel wurde 1939 in Sorau/NL, jetzt Polen geboren. Ab 1945 Schulbesuch in Zella-Mehlis und Ausbildung zum Werkzeugmacher und Technischen Zeichner. Studium an der Humboldt Universität Berlin und 1973 Abschluss als Dipl.-Jurist. Seit 1976 Tätigkeit als Rechtsanwalt. 1961 Gründungsmitglied des Geowissenschaftlichen Vereins Suhl 1961 und dessen Vorsitzender bis 2011. Bis 1976 verantwortlich für die Speläologie in Südthüringen und selbst aktive Tätigkeit in der Höhlen- und Karstforschung sowie der Erkundung historischen Bergbaues. Interessenschwerpunkte: Bergbaugeschichte, Goldgewinnung in Thüringen sowie unterirdische Produktionsstätten und Verbringungsorte in der Endphase des Dritten Reiches. Brunzel ist Autor zahlreicher Publikationen so auch des Sachbuches „Hitlers Geheimobjekte in Thüringen“. Weitere Buchtitel sind „Beutezüge in Thüringen“, „Das Geheimnis der zwölf goldenen Apostel“, „Verborgen im Untergrund“, und „Hexenverfolgung in Suhl“.

Trotz gewissenhafter Bearbeitung kann eine Haftung für den Inhalt nicht übernommen werden. Für aktuelle Ergänzungen und Anregungen ist der Verlag jederzeit dankbar. Wir bedanken uns bei allen, die uns unterstützt haben.
Der Leser wird darauf hingewiesen, die alten Bergwerke u. a. aus Sicherheitsgründen nicht zu betreten. Das Goldwaschen in der Schwarza und in anderen Fließgewässern ist aus Naturschutzgründen in Eigeninitiative nicht gestattet.

Impressum

© 2012 RhinoVerlag Ilmenau
Dr. Lutz Gebhardt e. K.
Am Hang 27, 98693 Ilmenau
Tel.: 03677 / 46628-0, Fax: 03677 / 46628-80, www.RhinoVerlag.de

Titelbild: Goldener Ausbeutedukaten aus Reichmannsdorf (1727), Goldnuggets aus der Schwarza
Fotos: Ulrich Brunzel und Archiv Ulrich Brunzel, außer Frank Rudert Seiten: 11, 13, 16, 17, 18, 19, 23, 24, 28, 30 oben, 46, 57, 79, 93, 94, 97, 101, 102, 114, 132, 164, 166, 172; Thüringisches Landesamt für Denkmalpflege und Archäologie, Weimar. Fotoarchiv Seiten: 133, 134, 141, 144, TLDA, Weimar. Fotoarchiv., Aufn. B. Stefan Seiten: 143, 145, 147; Landesamt für Denkmalpflege und Archäologie Sachsen-Anhalt, Halle/Saale, Fotograf: Juraj Lipták Seite: 15; Fotoarchiv Thüringer Landesmuseum Heidecksburg Rudolstadt Seiten: 22, 69, 119, 120; Landesamt für Vermessung und Geoinformation, Erfurt ©GeoBasisDE/TL VermGeo, Gen.-Nr.: 20/2012 Seite: 155; Historisches Festspiel „Der Meisterdrunk" e.V., Rothenburg o. d. Tauber, Aufn. Jan-Eric Löbe Seite: 111; Touristinformation Schalkau Seite: 178; Eva Sherpa Seite: 21; Dr. Erich Krauß Seiten: 29, 40, 50, 105; Dr. Egon Krannich Seiten: 34, 35; Dr. Lutz Gebhardt Seiten: 36, 151, 153, 163; Herbert Mattig Seite: 39; Anette Cotta Seiten: 41, 59, 95; Sammlung Kreibich Seite: 42; Dirk Fleischmann Seite: 45; Klaus Müller Seiten: 49, 88; Hartmut Sommer Seite: 54; Andreas Abendrot Seite: 83; Dieter Weiß Seiten: 91, 156, 157, 158; Frank Beyer Seite: 107; Christoph Hoffmann Seiten: 109, 146; Peter Stieler, Sitzendorf Seiten: 127, 130; Gemeinde Nesse-Apfelstädt, OT Apfelstädt Seite: 135; Angelika Link, Erfurt Seite: 137
Wir danken dem Verlag *grünes herz*® für das Bereitstellen der Kartenausschnitte aus der Wanderkartenserie „Naturpark Thüringer Wald", Nr. 9 (S. 162), 12 (S. 77), 15 (S. 71) und 17 (S. 61)

Layout, Satz: Werbepunkt Ute Schmidt
Schrift: Aldine 721 BT Roman
Titelgestaltung: Atelier für Grafikdesign Katharina Kerntopf, Ilmenau
Redaktion: Anette Cotta
Druck: DZA Druckerei zu Altenburg GmbH

1. Auflage November 2012

ISBN: 978-3-939399-92-6

Inhaltsverzeichnis

Vorwort

Der Freistaat Thüringen ist unter historischen Gesichtspunkten betrachtet seit frühgeschichtlichen Zeiten ein Schmelztiegel unterschiedlicher Kulturen. Ihre Spuren haben Kelten, Römer, Franken und Slawen hinterlassen. In kleine und zersplitterte Herrschaftsgebiete aufgeteilt, wurde Thüringen jedoch auch zu einem Inbegriff des Partikularismus.

Laura und Ansgar beim Goldwaschen

Während in den mittelalterlichen Städten wie Erfurt, Jena, Weimar, Eisenach und Saalfeld, um hier nur einige zu nennen, das Leben pulsierte und diese zu Zentren der Kultur- und Geisteswissenschaften wurden, entwickelten sich im Lande Handel, Bergbau und Gewerbe. Immer mehr Menschen drangen in den kargen Lebensraum des Thüringer Waldes und des Thüringer Schiefergebirges vor und wurden hier sesshaft.
Die wettinischen, schwarzburgischen und schaumbergischen Territorialherren waren die Inhaber der vom Kaiser verliehe-

nen Berg- und Münzrechte. In ihrem Bestreben, über das Gold zu mehr Reichtum, Macht und Ansehen zu gelangen, förderten sie die Goldwäscherei und den Goldbergbau. Im Schwarzatal und seinen Nebentälern wurde zum Teil bis hinauf in die Hochterrassen bereits im Mittelalter Gold gewaschen, während sich ab dem 13. Jahrhundert der Bergbau auf Gold immer stärker zu entwickeln begann. Die aus den Hochterrassen gewonnenen Goldmengen waren beachtlich, während der Bergbau auf Gold die in ihn gesetzten Erwartungen nicht erfüllte. In historischen Zeiten war Thüringen ein bedeutendes Goldland, das in der Goldförderung weltweit an vorderer Stelle lag. Das Buch folgt den Spuren des Goldes in Thüringen von den Anfängen bis in die Gegenwart, ohne einen Anspruch auf Vollständigkeit zu erheben. Es behandelt das Vorkommen und die Gewinnung des Edelmetalls im Thüringer Schiefergebirge, beschreibt die Macht und Ausstrahlung des Goldes sowie seine Eigenschaften. Sensationelle Goldfunde werden ebenso behandelt wie die vor Jahrhunderten betriebene mechanische Trennung des Edelmetalls vom begleitenden Gestein. Ein gesondertes Kapitel beschreibt die aus dem gewonnenen Gold hergestellten Preziosen und Ausbeutedukaten bezogen auf die Herkunft des Goldes. Berühmte Schatzfunde und Hinweise darauf werden im historischen Kontext vorgestellt.

Gold übte seit seiner Entdeckung eine magische Anziehungskraft auf die Menschen aus. Es verwundert nicht, wenn der Chemnitzer Stadtarzt und Bürgermeister Georg Agricola (1494–1555) in seiner berühmten Abhandlung über Bergbau und Hüttenkunde „De Re Metallica Libri XII“, die 1556 erschien, schrieb:

„Sehen wir doch fast jeden Tag, dass wegen Goldes und Silbers Türen gesprengt, Wände durchbrochen, unglückliche Wanderer getötet werden von jener räuberischen und grausamen Menschenart, die nur geboren ist zu Diebstählen, Kirchenraub, Überfällen und Räubereien, dass anderseits aber ergriffene Diebe gehängt, Religionsfrevler lebendig verbrannt, die Glieder der Straßenräuber gerädert werden. Auch werden wegen des Goldes und Silbers Kriege unternommen, die nicht nur denen verderblich sind, gegen die sie geführt werden, sondern auch denen, die sie veranlassen. Außerdem wird durch Gold und Silber vieler Menschen

Historische Goldstufe (gediegen Gold auf Quarz) aus der Sammlung Ulrich Brunzel (stark vergrößert)

Vertrauen erschüttert, werden Urteile erkauft und unzählige Verbrechen begangen." (1)

Offen im Schutze der jeweiligen Landesherren oder heimlich wurde dem Golde nachgespürt, immer verbunden mit der Hoffnung, möglichst viel davon in Besitz nehmen zu können. Dass man glaubte, dem steigenden Goldbedarf durch alchemistische Goldherstellung abhelfen zu können, führte dazu, dass sich der Kaiser und seine Territorialherren eigene Alchemisten hielten. Auch diese Problematik wird im Buch behandelt.

Bewusst habe ich auf ein Kapitel mit Bergmanns- und Venetianersagen verzichtet, da eine umfassende Darstellung bereits in meinem Buch „Das Geheimnis der zwölf goldenen Apostel" erfolgte. Hinzu kommt, dass die Hinweise auf die „Erdmännchen", „Venezianerchen" oder „Venedigermännlein", wie die Venetianer zum Teil auch in Thüringen genannt werden, recht widersprüchlich sind und weiterer Aufklärung bedürfen. Nicht aus der Luft gegriffen wird den geheimnisvollen Venetianern die alte Redensart zugeordnet, wonach mancher Hirte mit einem Stein nach einer Kuh wirft, der mehr Wert hat als diese selbst.

Für die Masse der, in harter, entbehrungsreicher Arbeit schuftender und ihrer Gesundheit nicht achtender, Goldwäscher und Bergarbeiter in den Goldzechen des Thüringer Schiefergebirges wird der Traum durch Goldgewinnung reich zu werden, eine Vision geblieben sein. Ich wage keine Schätzung über die Menge des Goldes, das sich noch in den Quarzgängen der Berge oder in den Sedimenten der Fließgewässer und ihren Hochterrassen verbirgt. Sie liegt aber sicher im mehrfachen Zentnerbereich. Die Aufarbeitung der Geschichte der über Jahrhunderte hinweg betriebenen Goldgewinnung in Thüringen ist auch mit diesem Buch noch längst nicht abgeschlossen.

Ulrich Brunzel

Die Macht des Goldes

Es gibt wohl kaum jemanden, der Gold in Form von Schmuck nicht schon einmal in den Händen hatte. Als Edelmetall hat Gold die Eigenschaft nicht zu rosten wie Eisen, es überzieht sich auch nicht mit Grünspan wie bei Kupfer und es dunkelt auch nicht nach wie Silber. Goldene Gegenstände, die Jahrhunderte in der Erde lagen oder in Wracks auf dem Meeresgrund verborgen

Eine der schönsten Goldstufen der Sammlung des Autors kommt aus Jamestown, Canada

sind, sehen so aus als wären sie erst angefertigt worden. Als Edelmetall ist Gold sehr kostspielig. Wegen seiner Eigenschaften ist es auch in der Industrie und Raumfahrt unentbehrlich geworden. In der Entwicklungsgeschichte der Menschheit hat das Gold bis heute auch als Geld und Wertanlage seinen Stellenwert gefunden. Während Kupfer, Zinn und Eisen die Entwicklung der menschlichen Gesellschaft geprägt haben, wurde Gold zu einem Symbol von Reichtum und Macht. Zu einem Zeitpunkt als die Menschen noch nicht in der Lage waren Eisen zu schmelzen, um daraus Waffen und Werkzeuge anzufertigen, wurde neben Kupfer auch Gold zur Herstellung kleinerer Geräte genutzt. Die zunehmende Verwendung von Kupfer und Eisen, das in größeren Mengen zur Verfügung stand, erhöhte den Wert des Goldes. Aus diesem aber auch aus Silber wurden schließlich immer mehr Luxusgegenstände, Schmuck und Macht dokumentierende Insignien der Oberschichten sowie Kultgegenstände hergestellt.

Die Ägypter waren die ersten, die zwischen 4000 und 2000 v. Chr. Gold in großen Mengen abbauten und verarbeiteten. Ägyptische und mesopotamische Beamte wurden mit Gold bezahlt. Die Gier nach Gold hat die Welt verändert. Sie ist bis in die heutige Zeit hinein der Auslöser der ungeheuerlichsten und kaltblütigsten Pläne, nur um über den Besitz von Gold zu Reichtum und Macht zu gelangen. Seit seiner Entdeckung und Nutzbarmachung übte es deshalb eine magische Anziehungskraft auf die Menschen aus.

Bis in die Frühzeit der Goldverarbeitung reicht auch der einem Grab beigegebene Goldschmuck zurück, der 2006 in der Flur Apfelstädt im Landkreis Gotha gefunden wurde. Erste Untersuchungen datieren das Grab in die Zeit zwischen 2350 und 2200 vor Chr., der Glockenbecherkultur zugehörig. Eine noch weiter zurückreichende Altersdatierung ist nicht auszuschließen.

Einzigartig ist auch den Fund der Himmelsscheibe von Nebra als Teil eines Bronzeschatzes, der etwa um 1600 v. Chr. im Boden deponiert wurde. Auf der Himmelsscheibe wurden Sonne, Mond und Sterne sowie die Horizontbögen in Gold ausgeführt.

Die Himmelsscheibe als Teil eines Schatzdepots markiert eine religiöse Handlung mit festumrissenen Mythen, wie sie auch Jahrhunderte danach noch üblich waren.

Dass in der Vorzeit Schatzverstecke als Ausdruck des Dialogs mit den Göttern angelegt wurden, gilt als sichere Erkenntnis.

Da die Standorte der Depots auch bezogen auf Thüringen nicht bekannt sind, können gewisse Anhaltspunkte für deren Existenz nur der Sagenwelt, mystischen Überlieferungen oder auch Bodenfunden entnommen werden. Oft spielt der Zufall eine Rolle.

Systematische Ausgrabungen fördern hingegen nur selten ein Schatzdepot ans Tageslicht.

Die einzigartige Himmelsscheibe von Nebra ist mit Gold versehen

So unterschiedlich die Kulturen der Vorzeit auch waren, sie alle schätzten das Gold. Sie fertigten daraus kultische Gegenstände und Schmuck. Ihre Tempel, Heiligtümer sowie die Gräber der Würdenträger wurden mit Gold reichlich ausgestattet. Auch begann man damit, den Warenumschlag mit Goldmünzen und Münzen aus Silber und Bronze zu steuern.

Um das Jahr 400 v. Chr. hatten die Griechen in der Münzprägung bereits ein hohes künstlerisches Niveau erreicht.

Alexander der Große machte die Goldmünzen schließlich zum Hauptzahlungsmittel in den von ihm eroberten Ländern. So fanden sie ihre Verbreitung bis nach Indien. In der Hallstattzeit dem 7. bis 6. Jahrhundert v. Chr. waren in Thüringen keltische

Gediegen Gold, umgeben von Manganerz in Quarz aus dem Bergbaugebiet Goldisthal

Stämme sesshaft geworden. Sie benutzten als Zahlungsmittel ebenfalls Münzen aus Gold, sogenannte Regenbogenschüsselchen. Unweit der Goldlagerstätten im Neumannsgrund bei Steinheid befand sich eine keltenzeitliche Wallanlage auf dem Herrenberg bei Siegmundsburg. Obwohl die Kelten hervorragende Bergleute und Goldwäscher waren, fehlt der Nachweis, dass sie bereits in diesem Siedlungsgebiet die Goldgewinnung betrieben.

Chemische und physikalische Eigenschaften des Goldes

Gold gehört als Reinelement zu den seltenen chemischen Elementen. Das chemische Symbol des Goldes ist die Bezeichnung *Au*, abgeleitet von dem lateinischen „aurum“ für Gold. Gold in gediegener Form tritt nie ganz rein auf. Es enthält immer wechselnde Mengen an Silber, Kupfer, Eisen, manchmal auch Wismut, Zinn, Blei, Zink und verschiedene Platinmetalle (Palladium, Iridium und Rhodium). Weist das Gold zwanzig und mehr Prozent Silber auf wird es als Elektrum bezeichnet. Bei 20 und mehr Pro-

Reines Gold läuft nicht an, es bewahrt seinen Glanz. Gediegen Gold in Quarz mit Limonit (Braunfärbung), Größe des Goldes ca. ein Millimeter

zent Kupferanteilen hingegen Auricuprid. Bisher sind über 25 Mineralien bekannt, die Gold als wesentlichen Bestandteil enthalten. Alle haben ein metallisches Aussehen, verbunden mit einer relativ geringen Härte und einer hohen Dichte. Da reines Gold nicht anläuft, bewahrt es stets seinen strahlenden Metallglanz.

Wie in der Natur in Verbindung mit anderen Metallen vorkommend, ist Gold unbeschränkt mit Silber, Kupfer und Platin misch-

Gediegenes Gold auf Quarz (Berggold), mit Säure bearbeitet und durch das weggeätzte Gesteinsmaterial gut sichtbar gemacht (stark vergrößert)

bar, wodurch sich auch die Farbfelder des Goldes verändern. Seine Farbe ist goldgelb, es wechselt wegen der verbreiteten Silber- und Kupferanteile seine Farbe bis hin zu weiß. Die Farbskala wird bei weiteren Legierungselementen umfangreicher. Der Schmelzpunkt des reinen Goldes liegt bei 1.063 Grad Celsius, der des Silbers bei 960,8 Grad Celsius und Kupfer schmilzt bei 1.083,4 Grad Celsius.

Im periodischen System der chemischen Elemente hat Gold die Ordnungszahl 79. Gediegen Gold ist reines Gold. Im Gegensatz zu den meisten chemischen Elementen hat Gold nur ein einziges Goldisotop und ist damit ein Reinelement. Der Kern des Goldisotops mit der Massenzahl 197 enthält 79 Protonen und 118 Neutronen. Gold wird im Gegensatz zu anderen Metallen durch Wasser und Luft nicht angegriffen.

Der König der Metalle, das Gold, zeigt sich dem „Königswasser", einem Gemisch aus Salzsäure und Salpetersäure, nicht gewachsen. Das Gold wird in dem „Säurebad", bestehend aus drei Volumteilen Salzsäure und einem Volumteil Salpetersäure, schlichtweg aufgelöst. Neben dem „Königswasser" ist Gold jedoch auch in Quecksilber (Amalgamation), Cyankalium, Cyannatrium, Chlorgas und Selensäure löslich. Reines Gold ist ein sehr weiches Material. Es lässt sich fast unbegrenzt zu einem dünnen Blatt (Blattgold) ausschlagen oder zu einem Faden strecken, der dünner ist als das menschliche Haar. So kann ein Gramm Gold zu einem Faden gestreckt werden, der die unvollvorstellbare Länge von zwei Kilometern erreicht. Die Feingehalte des Goldes werden in Promille angegeben. Bis heute wird jedoch auch die alte Bezeichnung „Karat“ verwendet. Sie bezieht sich auf das Gewicht getrockneter Samen des Johannesbrotbaumes und bezeichnet eine Gewichtseinheit für Gold in Afrika und Diamanten in Indien.

In der Umrechnung sind die gebräuchlichsten Feingehalte des Goldes Karat und Promille:

24 Karat =	1000/000 Gold	22 Karat =	917/000 Gold
18 Karat =	750/000 Gold	14 Karat =	585/000 Gold
12 Karat =	500/000 Gold	10 Karat =	417/000 Gold
9 Karat =	375/000 Gold	8 Karat =	333/000 Gold

Als seltenes chemisches Element wurde Gold neben anderen Elementen nach seiner „Geochemischen“ Häufigkeit in der Erdkruste untersucht und eingeordnet.

Blattgold ist seit der Antike bekannt und dient der Vergoldung von Oberflächen

Von 81 Elementen steht Gold an 73. Stelle. Pro Tonne Gesteinsmaterial befinden sich in der Erdkruste durchschnittlich 0,005 Gramm Gold. Zu beachten ist allerdings, dass es Gold in Anreichungszonen gibt, wozu auch das Thüringer Schiefergebirge gehört, mit seiner über Jahrhunderte betriebenen Goldgewinnung. Nach der geochemischen Klassifikation gehört Gold zu den chalkophilen Elementen (chalkos kommt aus dem Griechischem und steht für Schwefel, Philos bedeutet Freund) und ist damit als „schwefelfreundlich“ einzustufen. Eine ganze Reihe von Goldverbindungen ist mit dem Schwefel chemisch verbunden. Dazu gehören die Pyrite und Arsenopyrite die auch im Thüringer Schiefergebirge Goldgehalte aufweisen bzw. mit dem Gold eng verbunden sind. Nicht alles was nach Gold aussieht und glänzt ist allerdings „massives Gold“. Auf elektrolytischem Wege lassen sich problemlos dünne Goldüberzüge auf anderen Metallen herstellen. Blattgold, auch auf Nichtmetalle aufgetragen, ist seit der Antike bekannt. Es ist heute durchaus gebräuchlich, Blattgold durch Löten, Schweißen und Aufwalzen unter hohem Druck mit einer Metallunterlage zu verbinden, ohne dass deren Weiterverarbeitung dadurch Schaden nimmt. Erst die formende Hand des denkenden Menschen hat aus Gold über Jahrtausende hinweg einzigartige Kunstwerke geschaffen, die bis heute nichts von ihrer Aussagekraft verloren haben. Obwohl nur noch ein Bruchteil dessen was einst geschaffen wurde erhalten blieb, hat das Gold die Kulturgeschichte der Menschen entscheidend geprägt. Auch das Christentum übernahm den Stellenwert des Goldes aus der Antike in seine Vorstellungswelt. Einerseits wurde Gold als Gottesgeschenk angesehen, anderseits als Werk des Teufels, durch das Goldene Kalb darstellt. Die frühen Kirchbauten dokumentierten mit ihrer reichen Goldausstattung die Macht der christlichen Staatsreligion. Ein besonderes Beispiel stellen die Kirchenbauten Konstantinopels dar. Mit einer riesigen Basilika, einer Apostelkirche, errichtet zu Ehren der zwölf Apostel so wie wir sie im bescheidenen Maße aus der Sagengeschichte von Steinheid kennen, wurde die Machtentfaltung auch nach außen hin sichtbar gemacht. Der gesamte Außen- und Innenbau der Apostelkirche war reich vergoldet. Der frühchristliche Kirchen-

Beispiel einer reich vergoldeten barocken Kirche, Montecassino, Italien

Im Rudolstädter Schloss Heidecksburg kann man die Liebe zum Gold der barocken Fürsten gut erkennen

bau mit Elementen der römischen Antike verherrlichte das Christentum und mit ihm Konstantin I. als Begründer der christlichen Staatsreligion. In Anlehnung daran, wurden die Kirchenbauten der folgenden Jahrhunderte ebenfalls reich mit Gold, vergoldeten Aposteln und Heiligenbildern ausgestattet.

Vor allem die liturgischen und kultischen Gerätschaften waren, wenn nicht aus reinem Gold, so doch großflächig vergoldet. Die meisten Kirchen besaßen goldene Reliquiare oder Reliquienschreine, die an herausragender Stelle aufgestellt, von den Gläubigen besonders verehrt wurden. Die Goldausstattung der gotischen Kirchenräume ab der zweiten Hälfte des 12. Jahrhunderts war besonders markant. Sie sollte die religiöse Stimmung der Gläubigen positiv beeinflussen.

Kriege, Plünderungen und Brandschatzungen zerstörten jedoch den größten Teil der Ausstattungen der mittelalterlichen Kirchen. Ein Teil des wertvollen Kirchengutes mag versteckt worden sein und befindet sich noch heute im Boden.

Verborgen im Untergrund befinden sich jedoch auch Schatzhorte die wertmäßig jede Vorstellungskraft übersteigen. Dazu gehört das Nibelungengold ebenso, wie das Gold der Tempelritter nach dem über Jahrzehnte vergeblich gesucht wurde. Aber auch Thüringen hat seine Schatzgeheimnisse. Dazu gehört auch der Thüringer Königsschatz dessen Versteck sich bisher allen Nachforschungen entzogen hat. Oft spielt beim Auffinden eines Schatzes der Zufall eine entscheidende Rolle. Das trifft auch auf den Erfurter Schatzfund zu, der ebenso wie der Thüringer Königshort in einem gesonderten Kapitel behandelt wird.

Auch in der Zeitspanne von der Spätgotik bis hin zum Rokoko wurde in den Kirchen nicht auf das Gold als Schmuck und Prestige-Element verzichtet.

Gediegen Gold in Hämatit und Limonit mit Quarz vom Goldberg bei Reichmannsdorf, sehr stark vergrößert

Gediegen Gold in Quarz aus dem Bergbaugebiet Steinheid

Die spätmittelalterliche Aristokratie begann, sich verstärkt des Goldes zu bedienen, um damit Machtentfaltung und Reichtum zu dokumentieren.
In den Königshäusern und den Residenzen des Adels waren es vor allem die Preziosen und andere kunstgewerbliche Kostbarkeit aus Gold, die nach außen hin Reichtum, Macht und Autorität verkörpern sollten. Im Verlaufe des 16. Jahrhunderts war es schließlich das wohlhabende Bürgertum, das aus Geltungssucht heraus eine Vielzahl kostbarer Kunst- und Gebrauchsgegenstände aus Gold anfertigen ließ.
Im Gegensatz zu anderen Metallen geht Gold nicht verloren, da es keine Zersetzung und Auflösung zeigt.
Allerdings wurden viele kunstgeschichtlich wertvolle Goldschmiedearbeiten im Laufe von Jahrhunderten zerstört, das vorhandene Gold aufgeschmolzen und anderweitig verarbeitet bzw. zu Barren umgeschmolzen.
In Kirchen, Klöstern, Schlössern, Museen aber auch im Privatbesitz befinden sich noch heute wertvolle Kunstschätze aus Gold die geschichtlich lange Zeiträume überdauert haben. Seit der Antike bis heute ist das Gold für die Menschen Symbol und Ausdruck höchsten Wertes. Es vereint in sich Vorzüge, die darin bestehen, dass es über die Jahrhunderte hinweg seine Kaufkraft erhalten und jede Währungsreform überlebt hat.

Thüringer Gold und seine Entstehung

Thüringen mit seinem Schiefergebirge und einer Vielzahl von Goldgewinnungsstätten zählt zu den goldführenden Regionen in Europa. Die Gewinnung von Seifengold und Berggold seit dem Mittelalter, ist durch systematische geologische Untersuchungen im 19. und 20. Jahrhundert bis in die jüngste Zeit hinein gut dokumentiert. Nicht zuletzt haben die geologischen Untersuchungs- und Aufschlussarbeiten an dem mit gewaltigen Erdarbeiten verbundenen Bau der ICE-Strecke Ebensfeld – Erfurt, die direkt durch mittelalterliche Goldgewinnungsgebiete führt, dazu beigetragen.

Gold ist noch heute in den Quarzgängen der Berge, in den Fließgewässern und den Schotterterrassen vorhanden. Wo aber liegen die

Goldquarzgänge mit abgeteuftem Schacht im Hangbereich des Mühltiegels, einem abzweigenden Tal im Neumannsgrund

„Wurzeln“ des Goldes und wie ist es entstanden? Die Beantwortung dieser Frage ist nicht einfach, da Kenntnisse über die Entstehung der komplizierten erdgeschichtlichen Vorgänge, die das Thüringer Schiefergebirge entstehen ließen, erforderlich sind. Im Schiefergebirge herrschen vor allem Sedimentgesteine vor, wozu Kieselschiefer, Kalksteine, Tonschiefer, Grauwacken und Konglomerate zählen. Hinzu kommen basische Vulkangesteine die unter dem Namen Diabas bekannt geworden sind.
Der westlich liegende und älteste Teil des Schiefergebirges ist der sogenannte „Schwarzburger Sattel“, der es auf über 540 Jahrmillionen bringt. Am Ende der Erdfrühzeit entstanden die Katzhütter Schichten aus Sandsteinen, die in folgenden Jahrmillionen durch den Druck überlagerter Schichten zu Grauwacken mit zahlreichen Quarziteinlagerungen umgewandelt wurden. Meeresablagerungen im Erdaltertum ließen die Mellenbacher- und Goldisthaler Schichten entstehen. Diese wurden wieder durch sedimentäre Gesteine überlagert, die entsprechend ihrem Vorkommen als „Frauenbachserie“ „Dachschiefer“ und „Phykodenschiefer“ (Phykoden sind bis zu 30 Zentimeter lange Fossilien) bezeichnet werden. Bei Oberweißbach, Wittmannsgereuth und Schmiedefeld ist dann die erzführende Gräfenthaler-Serie im Ordovizium mit einem Alter bis zu 500 Millionen Jahren und einer Schichtmächtigkeit von etwa 1500 Metern entstanden. Lange Zeiträume der Meeresüberflutung führten erneut zu sedimentären Ablagerungen, die durch Druck verfestigt wurden.
Dieser Periode schloss sich ein Zeitraum der Gebirgsbildung mit vulkanischer Tätigkeit an. Es handelt sich hier um die Variszische Gebirgsbildung während der Steinkohlenzeit (Karbon) vor etwa 300 Jahrmillionen. Das mit den Alpen vergleichbare Gebirge ließ Sättel und Mulden entstehen, wozu auch der Schwarzburger Sattel gehört. Die gewaltigen Strukturveränderungen beeinflussten auch die Beschaffenheit der Gesteine. Durch seitlichen Druck kam es zur Schieferung der tonigen Materialien. Die spröden Gesteine wie Quarzite und Grauwacken zerbrachen oder wurden zerrissen. In die Spalten und Risse drangen heiße, wässrige Lösungen ein, die Quarzadern mit ihrem Goldvorkommen entstehen ließen.

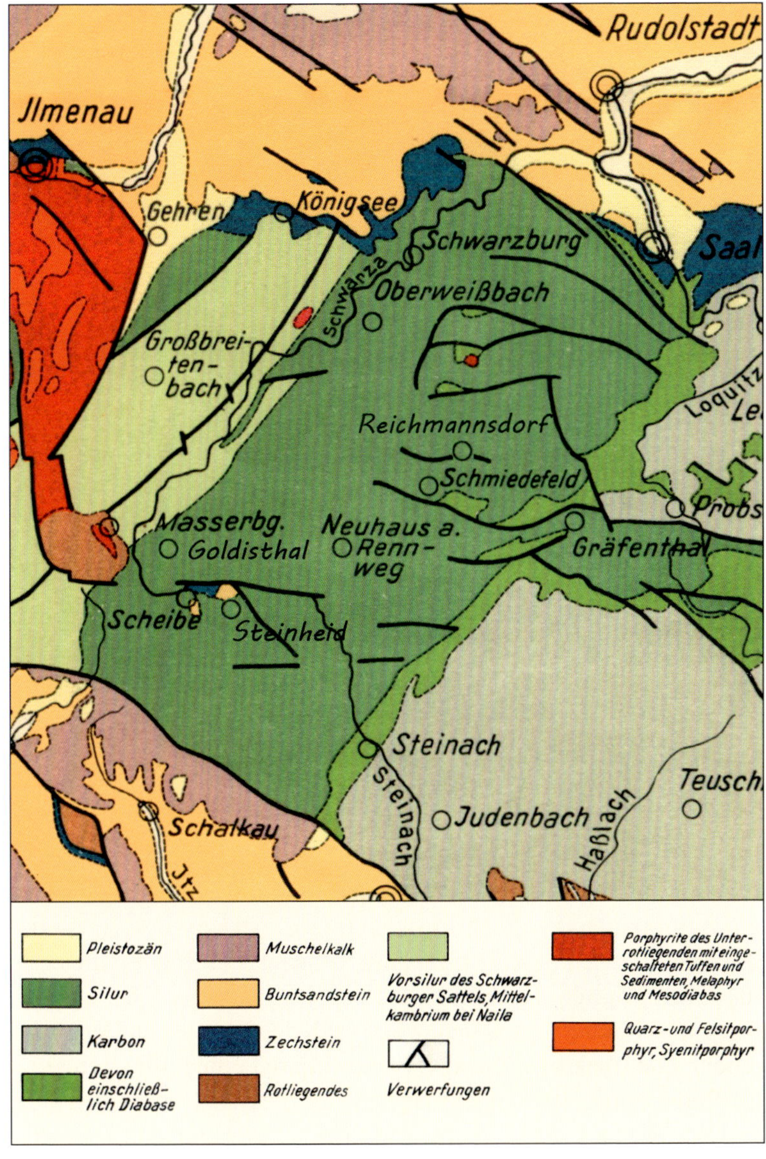

Ausschnitt des Thüringer Schiefergebirges aus der historischen, geologischen Karte von Thüringen, entworfen von Hans Weber, Ilmenau

Gediegen Gold in Limonit mit Quarz aus dem Bleßbergtunnel, stark vergrößert

Während die Variszische Gebirgsbildung verantwortlich war für die Schaffung der inneren Struktur des Schiefergebirges, war es vor etwa 120 Millionen Jahren die Saxonische Gebirgsbildung, welche erste Konturen des Gebirges schuf.

Weitere Jahrmillionen später wurde der Thüringer Wald und das Schiefergebirge gegen sein Vorland als Horstgebirge herausgepresst, während die seitlichen Schollen staffelbruchartig gegen das Vorland abbrachen. Zu Beginn des Pleistozäns führten Gebirgsbewegungen erneut zu Veränderungen der Gebirgsscholle. Die Schotter und Sande der Saale und Schwarza, die hoch über der heutigen Talsohle liegen, lassen erkennen, dass in einem geologisch sehr kurzen Zeitraum die heutigen Flüsse der Schwarza und Saale viel höher dahinflossen.

Ursprünglich nahm man weltweit an, dass das Gold durch aufsteigende heiße Lösungen aus der Tiefe der Erde kommend mit anderen Erzmineralien in bestimmten Erzgängen abgesetzt wurde. Das trifft zwar auf manche Lagerstätte zu, ist aber nicht durchgängig zu beobachten. Durch Jahrzehnte betriebene Forschungen und

Die Schwarza ist der Hauptgoldfluss in Thüringen

Untersuchungen in bergbaulichen Goldabbaugebieten weiß man, dass Gold auch feinverteilt in Nebengesteinen zu finden ist. Das hier angetroffene Gold kann nicht aus der Tiefe kommen, sondern muss bereits in dem Gang umschließenden Nebengestein – vor Bildung des Ganges – vorhanden gewesen sein. Durch hohe Temperaturen und Metamorphose konnte es aus dem Nebengestein herausgelöst und in dem sich bildenden Gang abgesetzt werden. Gneise und Glimmerschiefer sind, wie bereits beschrieben, im Verlauf von Jahrmillionen aus Sedimentgesteinen entstanden. Zunehmend hat sich die Ansicht durchgesetzt, dass das Thüringer Gold des Schiefergebirges aus dem Nebengestein herausgelöst und in die Quarzgänge zur Zeit ihrer Bildung aufgenommen wurde.
Auffällig ist, bezogen auf die bergbauliche Goldgewinnung, in den Schwerpunktbereichen Schwarzatal, Reichmannsdorf, Goldisthal und Steinheid, dass die Ausbeute in Oberflächennähe zumeist mit kleinen Schächten und Stollen erfolgte.
Man kann hier von Gewinnungsarbeiten in einer Verwitterungs- bzw. Oxidationszone sprechen. Ein einheitlich geologisches Schema der verschienen Lagerstätten zeichnet sich durchaus nicht ab.

Historische Goldstufe, die den Übergang von Pyrit nach Gold zeigt, gefunden etwa 1920 im untertägigen Bergbaugebiet von Schmiedefeld (Lichtetal)

Während im Bergbaugebiet von Goldisthal sich die goldführenden Quarzgänge in unmittelbaren Kontakt zu den Schwarzschiefern befinden, trifft das für die Goldquarzgänge der Schiffskuppe bei Steinheid und den Goldberg bei Reichmannsdorf nicht zu. Die bezeichneten Bergbaugebiete mit ihren Gesteinen sind, bedingt durch die oberflächennahe Verwitterung, auch die Quellen für die Seifengoldvorkommen. Schwerpunkte der Seifengoldgewinnung liegen in den Einzugsbereichen von Saale, Grümpen, Werra, Steinbach, Effelder, Lichte, Katze und Schwarza

Seifengold entsteht u. a. durch Verwitterung goldhaltigen Gesteins, das in die fließenden Gewässer gespült wird

um hier nur einige zu nennen. Aus meiner Sicht kommen auch die goldführenden Schotterterrassen als Seifengoldlieferanten infrage. Der Vorgang der Seifenbildbildung hat sich seit Jahrmillionen bis heute nicht verändert. Durch die Verwitterung werden die Goldpartikel oberflächennah aus den goldführenden Gängen herausgelöst und in die fließenden Gewässer gespült, wo sie im Bodensatz wieder angereichert werden. Zu unterscheiden ist das primäre Berggold vom sekundären Seifengold. Das Kerngebiet der Goldvorkommen ist im Thüringer Schiefergebirge der Schwarzburger Sattel.

Blick auf eine bergbauliche Abraumhalde im Hangbereich des Mühltiegels im Bereich des Neumannsgrundes

Die Berggoldvorkommen sind an das Festgestein gebunden und hier an die sogenannten Alten Goldquarzgänge, eine Gangmineralisation mit dem Hauptmineral Quarz. Die Quarzgänge, deren Alter auf mindestens 300 Millionen Jahre geschätzt wird, durchziehen in großer Anzahl die alten Sedimentgesteine des Schiefergebirges. Meine Beobachtungen decken sich mit wissenschaftlichen Untersuchungen, wonach die mit Eisenerzen und anderen

Mineralien durchsetzten Quarze eher Berggold enthalten, als die reinweißen Gangquarze.
Das oberflächennah herausgewitterte Berggold wird auf seinem Transportweg in die Fließgewässer zu Seifengold, wobei sich das Gold vom tauben Gestein löst. Das Gold der höher liegenden alten Flussterrassen ist bereits Seifengold, das lediglich verlagert wurde. Die historische Goldgewinnung im Schiefergebirge war an die Goldseifentätigkeit und den Goldbergbau gebunden.
Die Goldseifen in den Fließgewässern der Täler und auf den Terrassen des Schiefergebirges sind Anreichungen von Gold durch sedimentäre Vorgänge. Infolge der chemischen Reaktionsträgheit des Goldes, vor allem gegen Sauerstoff ergibt sich, dass während der Oxidation und Verwitterung von Erzen und Gesteinen Freigold übrig bleiben muss, das von den Bächen und Flüssen mit dem Verwitterungsschutt fortgetragen wird, um an geeigneten Stellen wieder abgelagert zu werden. Das hohe spezifische Gewicht des Goldes bedingt eine Anreichung in bestimmten Teilen der Fließgewässer. Es ist also nicht gleichmäßig verteilt, sondern wird in Abhängigkeit vom Untergrund und der Fließgeschwindigkeit des Wassers vor allem in Vertiefungen angereichert. Neuere Funde im Schwarzatal, die Herr Goldschmiedemeister Chr. Kreibich aus Weimar zur Untersuchung zur Verfügung gestellt hat, bestechen durch ihren sehr reinen Goldgehalt. Einkerbungen und Aushöhlungen eines 5,265 Gramm schweren Nuggets aus dem Bereich Sitzendorf sind Anzeichen für einen längeren Transportweg und der Auswaschung angelagerter Minerale.
Die Arbeitswelt der Bergleute war im Gegensatz zum Goldseifen eine völlig andere. Sie lag im Dunkel der Gruben und Schächte in denen die Bergleute den goldhaltigen Quarz teilweise unter Lebensgefahr abgebaut haben. Das Umfeld wurde bestimmt durch Bergwerke, Pochwerke, Erzwäschen und Verhüttungsanlagen. Das raue Bergklima mit langen Winterperioden, die Einatmung giftiger Gase durch das Feuersetzen in den Gruben, giftige Blei- Schwefel- und Quecksilberdämpfe ließen die Bergleute schneller altern und führten zu Vergiftungen an deren Ende oft der frühzeitige Tod stand.

Mein erster Goldfund

Meine Mineraliensammlung war 1965 recht bescheiden. Vor allem fehlte darin gediegenes Gold und wenn es noch so eine kleine Stufe wäre. Ich überlegte mir, woher ich ein Belegstück bekommen könnte und stieß durch Zufall auf ein Faltblatt des Höhen Luftkurortes Steinheid aus dem Jahr 1956.

Im Neumannsgrund, Blick zur Schiffskuppe mit einer Konzentration alter Grubenanlagen

Beim Durchblättern las ich dann:
„Inmitten herrlich rauschender Wälder unmittelbar am uralten, sagenumwobenen Rennsteig, liegt die ehemalige „Freye Bergstadt Steynheyd". Sie blickt auf eine 600jährige historische, wechselvolle Vergangenheit zurück. Ein damals hier eröffnetes Goldbergwerk, dessen Betriebsanlagen noch heute deutlich sichtbar sind, führten zur Gründung des Ortes in einer damals noch menschleeren, urwaldähnlichen Wildnis." (2)

Nach einigen Bildern mit fleißigen Glasbläsern entdeckte ich dann den entscheidenden Hinweis mit einer Abbildung des Neumannsgrundes und der Information, dass es sich hier um den ältesten Ortsteil von Steinheid handelt. Bereits im 14. Jahrhundert entstand er aus einer Goldgräbersiedlung mit zahlreichen Bergbauresten an den Berghängen. Da ich auf alten Halden schon so manches interessante Mineral gefunden hatte, reifte in mir der Entschluss, nach den beschriebenen Bergbauresten zu suchen, um hier vielleicht das Gold zu finden, das in meiner Sammlung noch fehlte. Da ich bis auf ein altes klappriges Fahrrad über keinen fahrbaren Untersatz verfügte, suchte ich nach einer Transportlösung. Ich fand sie in einem mir bekannten Kraftfahrer, der für einen Betrieb tätig war. Er nahm mich auf einer Dienstfahrt bis Katzhütte mit. Von dort erreichte ich per Anhalter Limbach, um dann zu Fuß in den Neumannsgrund abzusteigen.

Gediegenes Gold in Eisenerz sitzend, ummantelt von Quarz

Es war ein Wochenende im Monat August mit sehr warmen Temperaturen. Eine alte Wanderkarte des Rennsteigvereins half mir bei der Orientierung und so fand ich sehr schnell die Halden des Goldbergbaues, ohne auf die Hilfe ortskundiger Einwohner angewiesen zu sein.

Am Fuße des Petersberges, der Schiffskuppe und dem ihr gegenüberliegenden Hangbereich getrennt durch den Grümpenbach und die Wohnhäuser der Ansiedlung fand ich neben den Halden auch offene Stollen.

Da es bereits dunkel wurde, hüllte ich mich in eine mitgebrachte Decke. Die Ameisen und allerlei Geräusche, die ich nicht zu deuten vermochte, ließen mich lange nicht einschlafen. Nach einer unruhigen Nacht folgte ein recht kühler Morgen. Unausgeschlafen und zerstochen begann ich eine hoffnungsvolle Suche und ich hatte Glück, verdammt großes Glück. In einer kleinen Druse, umschlossen von Quarz, eingebettet in Limonit, fand ich mein erstes gediegenes Berggold.

Mein erster Goldfund im Neumannsgrund, Größe des gediegenen Goldes ca. ein Zentimeter

Nie wieder habe ich ein gleichwertiges Stück gefunden. Erst viele Jahre später, nachdem ich gelernt hatte, die Anzeichen für Gold im Gestein zu lesen und zu verstehen, gelang es mir, mehrfach Berggold aufzufinden. In meinem Freundes- und Bekanntenkreis wurde das damals gefundene Berggold bewundert. Freunde, Bekannte und Mineraliensammler

Schloss Bertholdsburg in Schleusingen beherbergt im Naturhistorischen Museum unter anderem eine umfangreiche Mineraliensammlung

nahmen den Fund zum Anlass, im Neumannsgrund auf Goldsuche zu gehen. Kein einziger wurde fündig. Für mich war die ganze Aktion mit viel Ärger verbunden. Man beschuldigte mich falscher Fundortangabe bzw. das Goldstückchen irgendwo erworben zu haben. Neid und Missgunst waren schließlich keine freundlichen Fundbegleiter und veranlassten mich, das Stück nicht mehr zu zeigen. Inzwischen sind Jahrzehnte vergangen und mein Fund kann im Naturhistorischen Museum Schloss Bertholdsburg in Schleusingen besichtigt werden. Geblieben ist die Liebe zu den Mineralien und Gesteinen des Thüringer Waldes und speziell zum Gold des Thüringer Schiefergebirges, das nach wie vor eine magische Anziehungskraft ausübt.

Der Sensationsfund 2004

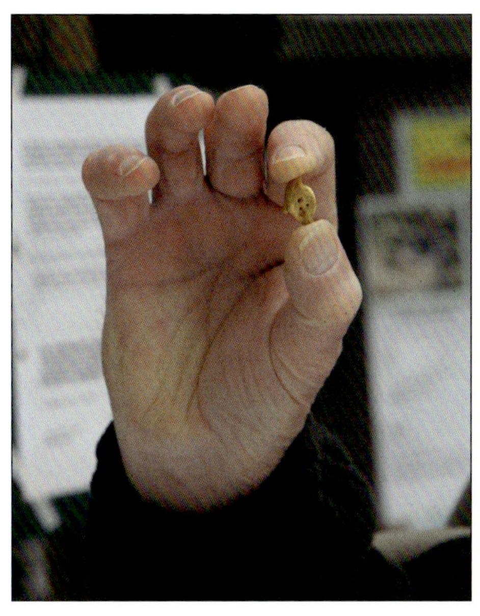

Der Katzhütter Goldfund, gezeigt von Herrn Martin

Der Zufall stand Pate als der Rentner Heinz Martin aus Katzhütte am 4. April 2004 in der Katze den Goldfund seines Lebens machte und damit Erinnerungen an den wilden Yukon weckte.

An jenem Tage im April war er in der Nähe seines Heimatortes mit dem Fahrrad unterwegs. In dem zum Teil sehr unwegsamen Gelände musste er sein Fahrrad schieben und dabei auch die Katze durchqueren. Schräg fielen die Sonnenstrahlen in das schnell dahinfließende Wasser als er plötzlich auf dem steinigen Grund des Baches etwas funkeln sah. Er bückte sich und griff nach dem goldfarbigen Etwas. Er hielt einen kleinen Klumpen in der Hand, der recht schwer war und sich in der Sonne spiegelte. Sollte er Gold gefunden haben, das es nach alten Überlieferungen in der Katze reichlich geben soll? Zuhause angekommen, zeigte er den Fund seiner Frau Liane, die ihm erklärte *„Mensch Heinz, du hast einen Goldklumpen gefunden!“*

Um ganz sicher zu gehen, zeigte Herr Martin seinen Fund dem Chef des Goldmuseums in Theuern Dr. Markus Schade, der bestätigte, dass es sich um ein großes Goldnugget handelt. Mit seinem Reinheitsgrad von 94 bis 96 Prozent, 2,1 Zentimeter groß und 9,64 Gramm schwer, in der Form eines frühen Embryos, war Heinz Martin der größte deutsche Naturgoldfund seit 200 Jahren gelun-

Herr Martin zeigt auf seinen Fundort in der Katze

gen. Dieser war nun auch nicht mehr geheim zu halten. So kam es wie es kommen musste, er löste über die Grenzen von Deutschland hinaus ein regelrechtes Goldfieber aus. Fernsehsender, Radiojournalisten und die Presse gaben sich in Katzhütte die Klinke in die Hand. Bewunderer, Neider und Ablehner des glücklichen Finders brachten zusätzliche Unruhe in das bisher geruhsame Leben der Martins, da das Telefon in den Wochen nach dem Fund ständig klingelte und das sogar zu nachtschlafender Zeit.
Mit Spaten, Gummistiefeln und Wasserpfannen ausgerüstet, fanden sich immer mehr Fremde in Katzhütte ein. Der Bürger-

meister stand vor der schwierigen Aufgabe, den Andrang der goldsuchenden Abenteurer in die richtigen Bahnen zu lenken, um letztlich Umweltfrevel zu verhindern.
Angeheizt wurde das ausgebrochene Goldfieber allerdings noch von der Bild-Zeitung, die in der ebenfalls goldführenden Masse, auf dem Grundstück des Hotels „Massermühle“ in Katzhütte, öffentlichkeitswirksam 100 kleine Goldbarren mit ca. 10 Gramm Gewicht in dem Bachlauf der Masse versenkte und zur Suche aufrief. Angelockt vom Nuggetfund in der Katze und den in der Masse versteckten Goldbarren packte viele das Goldfieber. Aus allen Teilen Deutschland kamen sie mit Schaufeln, Sieben und Waschpfannen ausgerüstet nach Katzhütte, um hier den Fund ihres Lebens zu machen. Nicht wenige träumten davon, reich zu werden oder sich vom Verkauf des gefundenen Goldes eine große Reise leisten zu können.

Goldgeschrei bei der Massermühle: nachdem man dort Goldbarren versteckt hatte

Obwohl es in jenem Monat Mai 2004 noch recht kalt war, zog es Hunderte zur Massermühle ins Tal der Masse, um hier fündig zu werden. Der Presse war zu entnehmen, dass 89 von 100 Goldbarren gefunden wurden.

Elf Barren blieben verschollen. Inzwischen wird in der Katze und anderen Bächen an offiziellen Stellen weiter Gold gewaschen. Katzhütte hat einen offiziellen Goldwaschplatz eingerichtet, während der zuständige Heimatverein Ausrüstungsgegenstände zur Verfügung stellt. Geblieben sind bis heute die Hartnäckigen, die bei Wind und Wetter im Bach stehen und ihr Glück versuchen. Nach wie vor wird hier und an anderen Stellen auch Gold gefunden. Allerdings sind die Funde bislang bis auf Ausnahmen bescheiden. Das Gold liegt zumeist im Milligrammbereich. Auch den Rentner Heinz Martin zieht es an manchen Tagen hinaus zur Katze, um Gold zu waschen. Vielleicht, so erklärt er, gelingt mir nochmals ein ähnlicher Fund, damit sich meine beiden Enkel später nicht streiten müssen.

In der Schwarza findet man die sehr selten vorkommenden Strudeltöpfe, die als hydrogeologische Denkmale unter Schutz stehen

Dass die Flüsse und Bäche des Schiefergebirges und seines Vorlandes noch für manche größeren Goldfunde gut sind, zeigen neuere und ältere Nuggets die in der Schwarza und anderen Gewässern bereits gefunden wurden.

Eines der schwersten brachte ein Gewicht von etwas unter 10 Gramm auf die Waage. Im Vergleich dazu entspricht das von Heinz Martin gefundene Nugget ebenfalls dieser Größenordnung. Gefunden wurde es bereits im 16. Jahrhundert im Schwarzatal und in ein sogenanntes „Schmuckkörbchen" eingearbeitet. Das Nugget ist dadurch in voller Größe unverändert auch heute noch zu bewundern.

Ein Nugget mit einem Gewicht von über elf Gramm fand der Arbeiter Lämmerzahl im August 1800 bei Erdarbeiten für ein Wehr oberhalb der Pocherbrücke bei Sitzendorf. Beide Altfunde werden heute in der naturhistorischen Sammlung des Rudolstädter Schlossmuseums aufbewahrt. Neben dem Goldfund des Rentners Heinz Martin hat jedoch ein weiterer Neufund, zumindest in Fachkreisen, Aufmerksamkeit erregt. So fand der Goldschmiedemeister Richard Chr. Kreibich aus Weimar nach mehrjähriger Suche bereits 1999 in der Gemarkung Sitzendorf immerhin ein 5,265 Gramm schweres Goldnugget.

Das 5,265 Gramm schwere und wissenschaftlich untersuchte Goldnugget wurde in der Schwarza bei Sitzendorf gefunden

Auch der Rentner Achim Sommer fischte mit einem Plastikrohr 2010 aus einer Felsspalte in der Schwarza 13 Nuggets mit einem Gesamtgewicht von 5,07 Gramm Gold. Die Ursache für die Goldhäufung ist wohl darin zu sehen, dass ein Jahr zuvor ein Wehr weggebaggert wurde. Das dadurch im Flussbett aufgewirbelte Gold transportierte das Hochwasser im Frühjahr weiter und setzte es an großen Steinen und in sogenannten Strudeltöpfen ab.

So gibt es eine ganze Reihe von Goldwäschern, die in ihrer Freizeit dem Lockruf des Goldes folgen. Selbst kleinste Goldkrümel in der Waschpfanne werden begeistert begrüßt. Wer einmal dem Lockruf des Goldes verfallen ist, kommt zumeist lebenslang nicht mehr davon los.

Da nicht alle Goldwäscher ihre Funde preisgeben, ist es aber durchaus möglich, dass Nuggets ans Tageslicht gebracht wurden, die ebenso spektakulär sind wie die beschriebenen Funde.

Goldwäscher Richard Chr. Kreibich prüft den Inhalt seiner Waschpfanne

Mit Seifengabel und Rechen auf der Spur funkelnden Goldes

Keltische Anlage auf dem Herrenberg oberhalb von Neuendorf (archäologische Ausgrabungsstätte mit Bildtafeln)

Der Beginn der Goldgewinnung aus den fließenden Gewässern des Schiefergebirges und seines Vorlandes liegt weit vor der Zeit erster urkundlicher Nachrichten. Dass eine frühgeschichtliche Ausbeutung des Goldes in der Bronzezeit bereits vor 3000 bis 4000 Jahren erfolgte kann angenommen werden. Ein Indiz dafür ist der Nachweis von bronzezeitlichen Schmelzstätten im Orla-Gau. Hier befand sich zwischen Saalfeld und Pößneck ein Zentrum der frühen Metallurgie, das Erze aus dem Saalfeld–Kamsdorfer Gebiet verhüttet hat. Die Ausbeutung oberflächennaher oxidischer Kupfererze setzte am Ende der Bronzezeit im Übergang zur La-Tène-Zeit (Eisenzeit) ein. Es waren keltische Stämme, die in der frühen Eisenzeit im 6. und 7. Jahrhundert vor der Zeitwende auch im südlichen Thüringen sesshaft wurden.

Die Kelten waren hervorragende Handwerker die neben der Verhüttung und Bearbeitung des Eisens auch kunstvolle Goldschmiedearbeiten anfertigten. Besonders meisterhaft beherrschten sie die Eisenmetallurgie zu einem Zeitpunkt als noch Bronze in Gebrauch war. Die Herstellung eiserner Waffen, die ein begehrtes Handelsgut waren, sicherte ihnen in Mitteleuropa eine Vormachtstellung. Als Zahlungsmittel benutzten die Kelten Münzen aus Gold, sogenannte „Regenbogenschüsselchen".

Die Goldverarbeitung und die Verwendung des Goldes als Wertmaßstab setzt Goldgewinnung voraus. Es ist deshalb anzunehmen, dass den Kelten die Goldanreicherungen in den Fließgewässern der Randgebiete des Thüringer Schiefergebirges bekannt waren, nachweisen lässt sich das nicht.

Obwohl das Schiefergebirge damals noch nicht besiedelt war, zeigen Streufunde keltischen Kulturgutes ihr Vordringen in das Gebirge an. Die Spur alter Keltenwege reicht vom Oberen Main bis zur Saale und Elster. Die Kelten setzten sich überall dort fest, wo sie ausbeutbare Bodenschätze fanden. Bereits 1825 wurde bei Pößneck, also mitten in einem erzreichen Gebiet, eine keltische Goldmünze gefunden. Sie ist der direkte Nachweis der Anwesenheit der Kelten. Obwohl bislang der Nachweis eines Münzbetriebes, wie er u. a. in Hessen gefunden wurde, fehlt, ist eine keltenzeitliche Goldgewinnung und Vermünzung nicht auszuschließen. Auszugehen ist davon, dass um die Zeitwende u. a. in der Schwarza und ihren Zuflussbächen das einfache Goldwaschen begann. Praktische Erfahrungen, die das Auffinden aussichtsreicher Stellen verbesserten, führten zur Anwendung neuer Methoden der Gewinnung. Die Kunde der Goldfunde wird sich schnell verbreitet und dadurch Fremde in das Schiefergebirge gelockt haben, die hier ihr Glück beim Goldwaschen versuchten.

In unmittelbarer Nähe der Goldgewinnungsstätten der Grümpen zwischen Theuern und Steinheid errichteten die Kelten eine Befestigung auf dem zum Bleßbergmassiv gehörenden Herrenberg, die als strategische Straßensperre gesehen wird. Durch diese verlief eine wahrscheinlich bereits vor den Kelten existierende Route, deren Benutzung über den Bleßberg unerlässlich war, um in das nördlich gelegene Gebirgsvorland zu gelangen.

Diskutiert wird auch, dass die Errichtung der Befestigungsanlage auf dem Herrenberg zur Sicherung und Überwachung der Goldgewinnung. Ausgrabungen belegen, dass erst im letzten Jahrhundert vor unserer Zeitrechnung der Ausbau der Station auf dem Herrenberg zur Verteidigungsanlage geschah und zwar am Ende der Keltenzeit in Thüringen.

Die Gewinnung gediegenen Goldes als „Seifengold" erfolgte in und entlang der Grümpen, Werra, Steinach, Effelder, Lichte, Schwarza und Saale, um hier nur einige der Fließgewässer zu nennen. Das Gold reicherte sich in den Schwemmsanden und Geröllen an. Namen wie Rapiseifenbach, Pechseifenbach, Rotseifenbach u. a. erinnern noch heute an die einstige Goldgewinnung in den Fließgewässern.

Die Grümpen im Neumannsgrund ist eines der goldführenden Gewässer Thüringens

Der Ausgangspunkt für das Seifengold sind die an der Erdoberfläche der Verwitterung ausgesetzten Goldquarzgänge. Regenwasser, Eis und Schnee transportiert das verwitterte Gestein mit dem Gold ins Tal, wo es in die dahin fließenden Gewässer gespült wird. Auf diesen Weg löst sich das Gold vom Gestein und es kann bereits in der Nähe des Ganges zu Anreicherungen kommen, noch bevor es überhaupt in einen Bach oder ins Flussbett gelangt. Dadurch entstehen sogenannte eluviale Seifen. Risse und Auskolkungen am Boden eines Fließgewässers oder sonstige Hindernisse sowie Gefällstrecken führen schließlich zur Ansammlung des schwereren Goldes und damit zur Bildung von Goldseifen. Allerdings findet man nicht überall in einem Gewässer, das eine Goldlagerstätte durchfließt oder in deren Nähe liegt, gleichviel Gold. Hier spielt die Fließgeschwindigkeit des Gewässers eine ganz entscheidende Rolle. Die besonders feinen Goldpartikel unterliegen dagegen anderen Gesetzmäßigkeiten, da sie mit dem Wasser fortgeschwemmt werden. Man spricht deshalb auch von Flutgold, das von Flechten und Moos aufgenommen wird und hier zu beachtlichen Anreiche-

Goldstufe mit Eisenerz – „Der Eisenmann zeigt Gold dir an“

rungen führen kann. Da auch das aus dem Gestein gelöste Eisenerz der Goldlagerstätten schwerer ist als das Gestein gleicher Größe, unterliegt es ebenso wie das Gold der Anreicherung. Dort, wo sich das Eisenerz und andere Schwermineralien absetzen, kann auch Gold gefunden werden. Diese altbekannte Erfahrung der Goldsucher führte zu dem Ausspruch: *„Der Eisenmann zeigt Gold dir an.“* Besonders große Eisenerzstückchen, oder Metallteilchen können durch anhaftendes Gold einen Goldüberzug aufweisen. Nicht selten kommt es vor, dass Berggold durch Verwitterung einer Lagerstätte zu Goldklümpchen zusammengeführt wird. Diese werden dann zumeist in unmittelbarer Nähe einer Goldlagerstätte gefunden. Man hat aber auch festgestellt, dass es in Goldlagerstätten, die als Primärvorkommen zu bezeichnen sind, keine Goldanreicherungen gibt, die der Größe gefundener Nuggets entspricht. Ausnahmen sind immer möglich. Als Beispiel dafür gilt der Sensationsfund des Rentners Heinz Martin aus Katzhütte, der 2004 in der Katze bei Katzhütte ein 9,64 Gramm schweres Gold-Nugget fand.

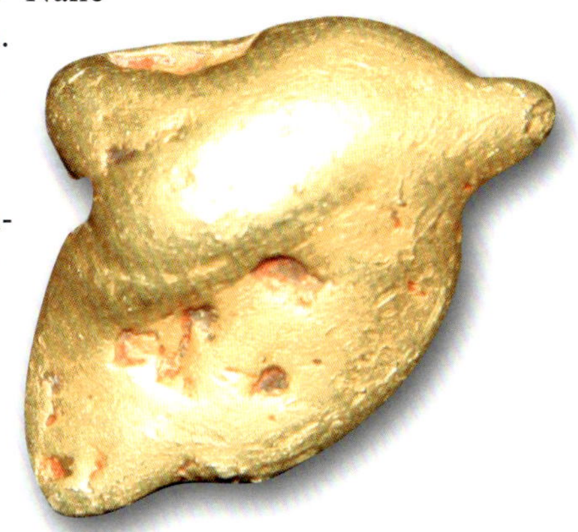

Der Traum aller Goldwäscher – ein Nugget

Erfahrene Goldsucher vertreten die Ansicht, dass das Gold im Wasser „wächst“. Gold kann tatsächlich unter bestimmten Voraussetzungen im Wasser z. B. bei Anwesenheit von Salz und Mangan Gold-Chlor-Verbindungen bilden, wodurch die im Wasser schwebenden Goldflitterchen entweder ein Kristallaggregat wachsen lassen oder zu einem großen Nugget „zusammengeschweißt“ werden. Eine über geologische Zeiträume entstandene Seifengoldlagerstätte, die durch eingeschwemmte Sedimente wieder verfestigt wurde, kann irgendwann der Goldlieferant einer neuen Seifenlagerstätte sein und somit ein Bindeglied sich wiederholender Abläufe im ewigen Kreislauf der Natur. Schon frühzeitig erkannte man, dass das Gold in der Schwarza nicht gleichmäßig verteilt ist. Es fand sich vorwiegend an Stellen, an denen die Strömungsgeschwindigkeit des Wassers herabgesetzt wurde. Goldführende Strecken wechselten sich mit goldleeren Bereichen ab. Die Goldwäscher jener weit zurückliegenden Zeit erkannten bald die Ursache und Wirkung der Ablagerung des Goldes im Flussbett. So stellten sie z. B. fest,

dass quer durch das Flussbett verlaufende Steinbänke zu einer Anreicherung von Gold führen, da hier die Kraft des Wassers gebrochen wird und die mitgerissenen Goldteilchen sich dadurch absetzen können. Deshalb wurden auch die Gesteinsbänke selbst zerkleinert, um an das in den Rissen befindliche Gold zu kommen. In Nähe der goldführenden Seifen stieß man schließlich auf die goldhaltigen Quarzgänge, die zumeist bergmännisch erschlossen wurden. Die Goldfunde im unteren Schwarzatal waren Anlass zum Auffinden der Goldquarzgänge und zum Anlegen von Stollen im Bereich des Tännighauptes gegenüber dem Schloss Schwarzburg. Goldführende Kiese bei Blechhammer ließen das Bergwerk „Güldenes Kleeblatt" bei Unterweißbach entstehen. Auf dem Steinberg bei Glasbach entstand die Zeche „Güldene Kirche" und in der Nähe von Sitzendorf um 1616 ein weiteres Goldbergwerk. Goldfunde im Grümpenbach bei Steinheid führten zu umfänglicher Bergbautätigkeit insbesondere in den Hangbereichen im oberen Bereich des Neumannsgrundes. Die Goldfunde im Schlagetal ließen einen umfangreichen Duckelbergbau auf Gold auf dem nahen Goldberg bei Reichmannsdorf entstehen. Aus der Goldseifentätigkeit am Brandisbach bei Meura entwickelte sich der Goldbergbau am Kirchberg. Beachtliche Ausmaße hatte die Goldseifentätigkeit u. a. im Rehtal, Dunkeltal und Grubental zwischen Goldisthal und Masserberg. In den Hangbereichen der bezeichneten Täler entstanden zahlreiche Goldbergwerke.
Die Erkenntnisse und Erfahrungen über die Anreicherung von Gold in der Schwarza und anderen Fließgewässern des Schiefergebirges resultiert aus der praktischen Arbeit, die in den alteingesessenen Goldwäscherfamilien über Generationen vom Vater auf den Sohn übertragen wurde. So hat die alteingesessene Familie Eser allein aus der Schwarza bei Sitzendorf ca. 400 Gramm Gold erwaschen. Sie hat auch Seitentäler der Schwarza in die Goldgewinnungsarbeit einbezogen und wurde hier fündig. Allerdings war die Goldgewinnung hier und in den Seitentälern mit Schwierigkeiten verbunden da erst das grobe Geröll umgelagert werden musste, bevor der goldhaltige Sand ausgewaschen werden konnte. Zur Verlagerung des groben Gerölls und dessen Lockerung diente in

früheren Zeiten eine wohl nur im Gebiet der Schwarza eingesetzte zweizinkige Seifengabel die wohl je nach Geröllgröße auch mit weiteren Zinken versehen werden konnte. Es ist durchaus möglich, dass die Seifengabel ihren Ursprung in den Schlackengabeln hat, wie sie in der Eisenverhüttung eingesetzt wurden. Wesentliche Veränderungen in der Gabelausführung waren nicht erforderlich. Ein der Seifengabel ähnliches Werkzeug zur Goldgewinnung in Fließgewässern war der dreizinkige Krähl, so wie von Georg Agricola in *„Zwölf Bücher vom Berg- und Hüttenwesen“* beschrieben. Neben der Krähl und der Seifengabel kam der Seifenrechen zum Einsatz. Agricola bezeichnet diesen jedoch als Seifengabel, während die zwei- oder dreizinkige Seifengabel bei Agricola der Krähl ist. Gabel und Rechen wurden schließlich zum Status- und Fiskalsymbol erhoben. Diese Werkzeuge sind Bestanteil der Wappen von Schwarzburg-Rudolstadt ebenso wie von Schwarzburg-Sondershausen. Man findet sie auch auf den Grenzsteinen dieser Fürstentümer.

Auf alten Grenzsteinen kann man noch das Werkzeug der Goldsucher erkennen: Goldrechen und Seifengabeln

Es war Professor Hans Heß von Wichdorff vorbehalten in seinem umfangreichen Beitrag über *„Die Goldvorkommen des Thüringer Waldes und des Frankenwaldes“* im Jahre 1914 zu der Feststellung zu kommen, dass u. a. in riesigen Tagebauen bei Sitzendorf und Katzhütte Gold ausgewaschen wurde.

Gegenüber dem Schweizer Haus liegen drei eiszeitliche Flussterrassen übereinander am Berghang

Zwischen Schwarzburg und Blankenburg liegen drei eiszeitliche Flussterrassen übereinander am Berghang. Diese befinden sich gegenüber dem Schweizer Haus in etwa 10 Metern, 25 Metern und 60 Metern Höhe über der heutigen Talsohle.

Sie folgen dem Flusslauf und entstanden durch das Einschneiden der Schwarza in das Schiefergebirge. An anderen Stellen des Flusstales erreichen die Terrassen sogar Höhen von über 100 Metern. Die Terrassen waren ursprünglich einmal Talböden mit den für sie typischen Ablagerungen von groben Flussgeröllen, Flusskiesen und Flusssanden. Die Mächtigkeit dieser Ablagerungen über dem Grundgebirge auf dem sie aufliegen beträgt stellenweise bis zu 10 Meter.

Durch die Goldgewinnung entstanden auf allen Höhenterrassen zum Teil riesige Goldseifenabbaue, die eine jahrzehntelange Ausbeutung belegen. Ein derartiger Abbau befindet sich unmittelbar im Bereich Sitzendorf-Blechhammer. Dieser hat eine Ausdehnung von über 500 Metern mit einer steilen, bis zu 10 Meter hohen Abbauwand. Zahlreiche tief eingeschnittene Strecken und hohe Haldenzüge verlaufen in Richtung des Schwarzaflusses. Wahrscheinlich hat man das gewonnene goldhaltige Material auf Laufkarren zur nahen Schwarza transportiert um das Gold hier auszuwaschen. Eine typische Arbeitsmethode analog der historischen Goldgewinnung am Yukon und Klondike River war das Anlegen kleiner Schächte, um durch die groben Schichten an die goldführenden Kiese und Sande zu gelangen. War der Schacht ausgebeutet, teufte man einen neuen ab. Diese Art der Tätigkeit erforderte auch bergmännische Kenntnisse, da die Schächte abgesichert werden mussten. Trotzdem wird es zu einer Vielzahl tödlicher Unfälle gekommen sein, da Gerölle, Sande und Kiese, im Gegensatz zum Bergbau im Festgestein, instabil sind.

Bei einem weiteren Tagebau gegenüber der Mankenbachsmühle, wurde wohl der Mankenbach umgeleitet und direkt zum Goldauswaschen genutzt. Mehrere große Goldseifenabbaue befinden sich flussaufwärts im oberen Schwarzatal. So zwei ausgedehnte Abbaubereiche bei Schwarzmühle nördlich und südlich des Curaubaches.

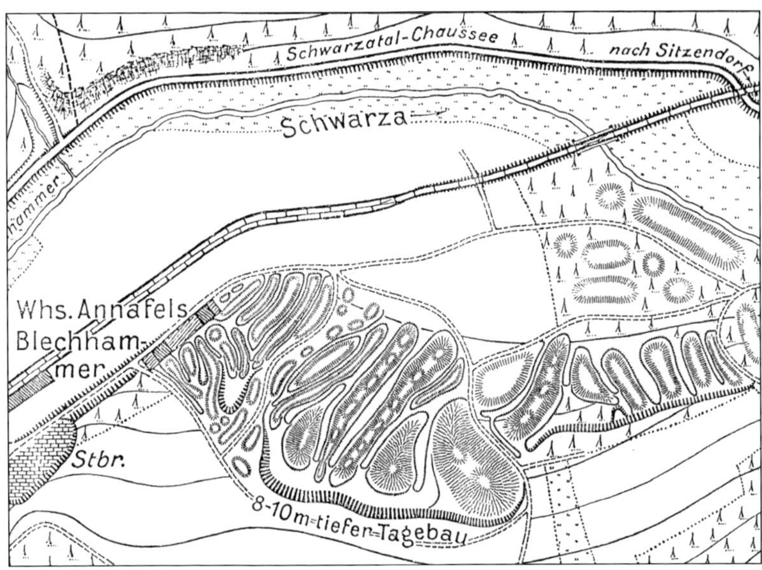

Historische Goldseifenstätte (Terrassenabbau) oberhalb von Blechhammer, jetzt Sitzendorf-Unterweißbach

Die mittelalterlichen Seifentagebaue liegen bis zu 30 Meter über der heutigen Talsohle. Die riesige Ausdehnung der beschriebenen alten Abbaue im Bereich der Schwarza und an anderen Fließgewässern lässt den Schluss zu, dass Tausende von Goldwäscher im Einsatz gewesen sein müssen.
Das Alter der historischen Seifenabbaue die zum Teil einer forstwirtschaftlichen und landwirtschaftlichen Nachnutzung unterliegen, ist kaum einzuschätzen. Schriftliche Nachrichten liegen darüber nicht vor. Man kann aber durchaus davon ausgehen, dass die Goldgewinnung bereits im frühen Mittelalter begann. So könnte die im 9. Jahrhundert erbaute Feste Schwarzburg auch zum Schutz der bereits umfänglich existierenden Goldgewinnung errichtet worden sein. Viel später im 16. Jahrhundert häufen sich schriftliche Nachrichten über das Vorhandensein des Schwarzagoldes. Viele der eiszeitlichen Schotterterrassen unterlagen zu dieser Zeit bereits anderer Nutzung und waren eingeebnet.
Agricola hat in seinem Achten Buch der zwölf Bücher vom Berg- und Hüttenwesen speziell Ausführungen zur Goldseifentechnik in Thüringen gemacht. Dazu muss er die Goldgewinnung im Bereich des Thüringer Schiefergebirges oder seines Vorlandes studiert haben, wenn er schreibt:
„Die Thüringer schneiden runde Vertiefungen, Finger breit und tief, die sie durch Rillen verbinden, in das Haupt des Herdes (Anmerkung: gemeint ist das Gestell über welches das Seifengut mit Wasser geleitet wird), den Herd selbst bedecken sie mit Planen. Der Sand wird zum Waschen auf das Haupt des Herdes aufgetragen und mit der Kiste gerührt. Dabei führt das Wasser die leichten Goldteilchen auf die Planen, die schweren setzen sich in die Vertiefungen, wenn sich diese gefüllt haben, wird das Haupt abgenommen und in ein Fass entleert. Die gesammelten Goldteilchen werden im Sichertrog rein gewaschen. Einige benutzen einen Herd, in denen sich die Goldflitter festsetzen. Andere haben einen Herd, der aus rauen Brettern zusammengefügt ist, damit an ihnen die kleinen Flitter hängen bleiben. Diese Herde werden an Stelle der Planenherde verwendet, sie sind unbedeckt. Auf ihnen haften, wenn der Sand gewaschen wird, die Goldteilchen nicht weniger als auf den Planen oder den Fellen, den Tüchern oder dem Rasen. Der Wäscher kehrt den Herd aufwärts mit

Darstellung von Goldwaschvorgängen nach Agricola

Gold in der Schwarza gefunden

Besen und gibt, nachdem er eine bestimmte Menge Sand gewaschen hat, noch mehr Wasser auf den Herd, welches die Goldteilchen fortspült; er sammelt sie in einem Fasse, das er unter den Herd stellt, und wäscht sie im Sichertrog. In derselbe Weise, wie die Thüringer den Herd mit Planen bedecken, belegen ihn manche mit Fellen von Stieren oder Pferden. Sie bewegen den goldhaltigen Sand mit der Kiste aufwärts, wodurch das Leichte zusammen mit dem Wasser abfließt, während die Goldflitter zwischen den Haaren hängen bleiben. Die Felle werden darauf in Fässer, zuletzt der gesammelte Schlich im Sichertrog, gewaschen". (3)

Zu allen Zeiten gab es Versuche die Goldgewinnung zu beleben. Auch nach dem Dreißigjährigen Krieg entstanden neue Goldwäschereien, die jedoch nach kurzer Zeit wieder aufgegeben wurden. Im Jahre 1827 und 1847 versuchte die Schwarzburgische Regierung die Goldwäscherei wieder aufzunehmen. Dazu wurden die Seifen im Schwarzatal nochmals eingehend untersucht. Ein Bergbeamter wurde 1847 eigens an den Rhein geschickt um die dortigen Goldwäschereien zu studieren. Alle Gutachten kamen jedoch zu dem Ergebnis, dass die Schwarza und deren Nebenbäche zwar Gold enthalten, wegen der ungünstigen Bedingungen ein lohender Betrieb jedoch nicht mehr zu erwarten ist. Kleinere Unternehmen, die es dennoch versuchten, mussten wegen fehlender Ausbeute aufgeben. Geblieben sind die nimmermüden Einzelpersonen, die mit der Waschpfanne im Wasser stehend, bei Wind und Wetter ihr Glück versuchen und auf den Goldfund ihres Lebens hoffen.

Prof. Hans Heß von Wichdorff kommt im Ergebnis seiner montangeologischen Untersuchungen 1914 zu dem Ergebnis, dass im Thüringer Schiefergebirge und dessen Einzugsbereich sich 31 goldführende Wasserläufe nachweisen lassen. In den goldführenden Tälern und Gewässern mit historischen Seifenbetrieb zählt er u. a. neben den bereits bezeichneten Tälern und Fließgewässern folgende: Das Köseletal bei Lobenstein, den Langwassergrund bei Lobenstein, das Werratal bei Sachsendorf und Schwarzenbrunn, den Lichtebach bei Königsee, den Leubach bei Weida, die Elster, die Saale, die Weida, die Wulst, den Apelsbach bei Katzhütte, den Hädderbach und Blambach bei Sitzendorf sowie das Wettertal bei Saalburg.

Die Goldgewinnung durch die Querrinnen A, das Unterfass B sowie ein größeres Fass C

Darstellung verschiedener Arbeitsgänge im Bergbau aus der Cosmographia des Sebastian Münster (deutsche Ausgabe 1545)

Die systematische und aufwändige Beprobung der Fließgewässer durch den bekannten Goldforscher Dr. Markus Schade hat zu dem Nachweis geführt, dass wesentlich mehr Gewässer Seifengold aufweisen, wobei Dr. Schade eine Stufenbewertung in uneingeschränkt und nur bedingt goldführend vornimmt. Die aktuellen Goldfundpunkte konzentrieren sich auf den West- und Ostteil des Thüringer Schiefergebirges.

Die Goldgewinnung in Schächten und Stollen

Über die Anfänge des Goldbergbaues ist kaum etwas bekannt. Hier ist man auf Vermutungen angewiesen, die durchaus auch fehlerhaft sein können. Da sich erste urkundliche Nachrichten immer auf bereits bestehenden Goldbergbau beziehen, muss dieser zwangsläufig älter sein. Es ist zumindest nicht auszuschließen, dass bereits keltische Bergleute vereinzelt kleine Schächte anlegten, um Berggold zu gewinnen. Die Schwerpunkte des Goldbergbaues im Schiefergebirge liegen in den Gebieten Steinheid, Goldisthal und Reichmannsdorf. Hier konzentrierte sich der Goldbergbau mit territorial unterschiedlicher Entwicklung wie nachstehend ersichtlich.

Steinheid

Die erste überlieferte Nachricht geht auf das Jahr 1362 zurück. In einer Urkunde des Markgrafen. Friedrich III. von Meißen erhalten Untertanen das Recht, „auf unserem Gebirge und Goldwerk zu der Steinheide nach Bergwerks- und Gebirgsrecht zu schaffen.“ Unzutreffend dürfte hingegen die im historischen Schrifttum insbesondere zur Landeskunde des Herzogtums Meiningen vertretene Auffassung sein, dass um 1400 bereits 1.000 Bergleute im Steinheider Goldbergbaugebiet tätig waren.

Bergeisen, mit dem der Goldquarz aus dem Gestein geschlagen wurde

Im Jahre 1482, also weit über einhundert Jahre später, wird einem Ulrich Fischermünde eine Fundgrube mit acht Lehen verliehen und das Recht zum Abbau von Golderz eingeräumt. Die Genehmigung dazu erteilte der Herzog von Sachsen. Da die Goldgewinnung erfolgreich betrieben wird, bestätigt von der zuständigen Bergbehörde, verstärkte sich auch das fürstliche Interessen am Gebiet der „Steynernen Heyde“. Die komplizierten territorialen Verhältnisse des Steinheider Goldgewinnungsgebietes verursachten allerdings viele Streitigkeiten. Steinheid lag im coburgischen Amt Sonneberg. Coburg gehörte zum ernestinischen Kursachsen und verblieb den Ernestinern auch nach dem Verlust der Kurwürde und des größeren Teiles ihres Territorialbesitzes im Jahr 1547. Von 1572 bis 1638 gehörte Steinheid zu Sachsen-Coburg-Eisenach, fiel 1638 an Sachsen-Weimar, 1640 an Sachsen-Altenburg und kam 1672 an Sachsen-Gotha. In der gothaischen Hauptteilung 1680 erhielt Albrecht, Herzog Ernst des Frommen zweiter Sohn, das etwas verkleinerte Fürstentum Coburg, das nach seinem Tod 1699 zum Streitobjekt zwischen den gothaischen Linien wurde. Erst mit kaiserlichem Schiedsspruch konnte 1735 eine abschließende und rechtskräftige Teilung des coburgischen Fürstentums vollzogen werden. Steinheid fiel an die Linie Sachsen-Meiningen mit den Ämtern Neuhaus und Sonneberg.

In historischen Zeiten bergmännisch aufgeschlossene Quarzgänge im Bereich des Neumannsgrundes

Nur die Reste des Burgturms künden noch von der einstigen Burg Rauenstein

Im Neumannsgrund entstanden am Ende des 15. Jahrhunderts Goldbergwerke beiderseits des Grümpenbaches mit Schwerpunkten an und auf der Schiffskuppe, am Fuße des Petersberges sowie im unmittelbaren Bachbereich auf der gegenüberliegenden Schaumburger Seite.
Besondere Aufmerksamkeit erregt Berggold der Schaumburger Seite, das zur Begutachtung und Feststellung des Edelmetallgehalts der Bergbehörde zu übergeben war. Aus der Zeche „Heilige Drei Könige“ der Schaumburger Seite kam „golt, pfennigsbreyt“. Das blieb auch den Herren von Schaumburg, die ihre Residenz auf der nahe gelegenen Burg Rauenstein hatten, nicht verborgen. Immerhin befanden sich die Zeche „Heilige Drei Könige“ und andere Goldgruben auf ihrem Grund und Boden. Ihre territoriale Nähe zu den Goldbergwerken verschaffte ihnen den Vorteil des schnellen Eingriffs, den sie zu nutzen wussten. Im Verlaufe des Jahres 1504 erhielt der sächsische Kurfürst die Nachricht, dass die Herren von Schaumburg seine Goldbergwerke westlich der Grümpen in Besitz genommen hätten. Das setzte natürlich voraus, dass

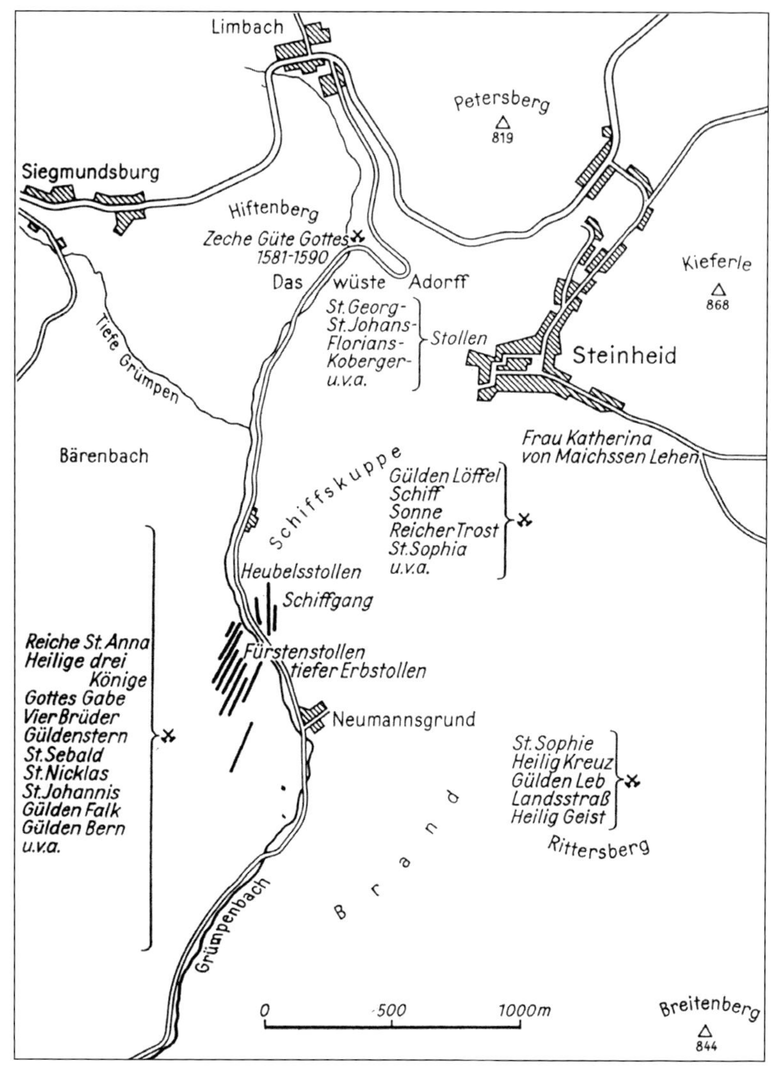

Vereinfachte Darstellung des Goldbergbaus im Gebiet bei Steinheid mit namentlichen Angaben bedeutender Gruben nach Hans Heß von Wichdorff, 1914

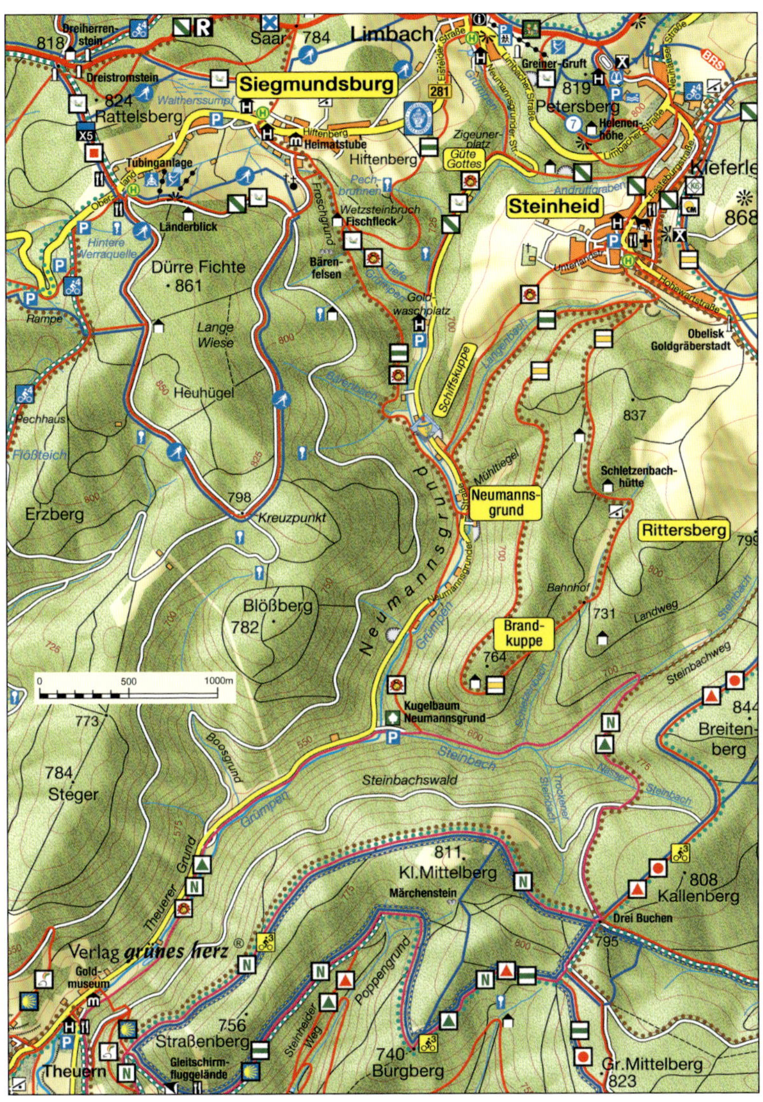

Der Neumannsgrund mit der Schiffskuppe

die sächsischen Bergleute von dort verjagt wurden. Man kann sich vorstellen, dass diese Handlungen nicht ohne Gewaltanwendung abgelaufen sind. Die Herren von Schaumburg hatten es allerdings mit einem Gegner zu tun, der viel mächtiger war als sie. Der Kurfürst von Sachsen intervenierte beim Kaiser und entsandte Fachleute aus den Bergbaugebieten des Erzgebirges nach Thüringen. An ihrer Spitze stand der sächsische Bergmeister Wolff Kreutzing, der über große Erfahrungen im Silbererzbergbau verfügte. Die Gegenmaßnahmen des Kurfürsten bestanden schließlich auch darin, nunmehr die Schaumburger Bergleute gewaltsam aus den Goldgruben zu vertreiben. Die Schaumburger Herren protestierten zwar und wendeten sich direkt an den Kaiser, stießen hier jedoch auf taube Ohren.

Zu dieser Zeit hatte sich die angelegte Siedlung durch zugewanderte Bergleute bereits wesentlich vergrößert. Das führte im Jahre 1509 zur Gründung eines dauerhaften Bergortes. Ein Gotteshaus wurde errichtet und 1507 eingeweiht. Im gleichen Jahr wird erstmalig das öffentliche „Amt des Richters auf der Steinheide", als Amtsbezeichnung für den Gemeindevorsteher erwähnt, die über Jahrhunderte hinweg Bestand haben sollte. Es gab zu dieser Zeit auch bereits kritische Stimmen. So wies der damalige aus Ungarn stammende Steinheider Berggeschworene Hans Unger den Kurfürsten darauf hin, dass ohne eine Goldmühle, bestehend aus zwei Mahlsteinen vier Pochern und zwei Rädern, die Aufbereitung der Golderze nichts nutzen würde, da die fleißige Arbeit der Berggesellen, auch bei noch so guten Goldvorkommen umsonst wäre. Nachrichten über den Zeitraum von 1509 bis 1524 fehlen.

Erst nach vielen Jahren des Prozessstreites der verfeindeten Parteien erging 1525 ein Schiedsspruch des damit vom Kaiser beauftragten Grafen von Mansfeld, der u. a. sinngemäß folgende rechtliche Regelungen zum Inhalt hatte:

1. *das Bergrecht im Gebiet der Herren von Schaumburg, soll dem Kurfürsten von Sachsen bzw. seinem Bergmeister auf der Steinheide alleine zustehen;*
2. *vom etwaigen Ertrag der Goldbergwerke steht dem Kurfürsten von Sachsen ¾ des Zehnten und der „Schlagschatz" (Gebühr für die Prä-*

gekosten bei der Münzherstellung) und der Goldkauf, den Herren von Schaumburg ¼ des Zehnten zu;

3. *im Falle des Gedeihens und der Entwicklung der Goldbergwerke soll es den Herren von Schaumburg gestattet sein, auf ihrem Grund und Boden Fleischbänke, Brotbänke und Badestuben einzurichten, und den Zins davon jährlich zu nehmen;*
4. *aber alle Obrigkeit beim Bergwerk und die Einsetzung von Amtleuten, Richtern usw. stehen dem Kurfürsten zu.* (4)

Ein nutzlich bergbuchlē

Titelblatt des Werkes „Ein nützliches Bergbüchlein" von Dr. Ulrich Rülein von Calw, um 1505, Darstellung wichtiger Tätigkeiten der Bergleute

Dieser Schiedsspruch führte auch dazu, dass die in sehr ärmlichen Verhältnissen lebenden Bergknappen verstärkt ihre Rechte auf Erneuerung und Erweiterung der Bergfreiheiten vom sächsischen Kurfürsten einforderten. Dieser ließ weitere Goldquarzgänge erkunden, die das Interesse an der Goldgewinnung steigerte und auswärtige Bergleute anlockten. Die Goldaufbereitung wird durch den Bau neuer Anlagen sowie einer Goldmühle verstärkt. Weitere Goldbergwerke entstehen und bereits bestehende werden erweitert. Die Bedeutung der Goldgewinnung der „Steynernen Heyde" wird letztlich dadurch sichtbar, dass der Kurfürst Johann der Beständige Steinheid im Jahre 1530 zur „Freien Bergstadt" erhebt. Damit wurden der Bevölkerung der Stadt Steinheid Sonderrechte eingeräumt wie u. a. Freizügigkeit bei der Wahl des Wohn- und Arbeitsortes, die Befreiung von Abgaben außer dem Zehnten, die Unpfändbarkeit des Besitzes der Bergleute und deren Recht, den Bürgermeister und die Schöffen selbst zu wählen. Außerdem war damit die Befreiung vom Militärdienst verbunden. 1534 erhielt Steinheid eine eigene Bergordnung.

Der Obelisk in Steinheid erinnert an die Ernennung zur „Freyen Bergkstadt"

Es liegt auf der Hand, dass der Kurfürst von Sachsen mit diesen Maßnahmen seine Macht auch politisch und territorial gefestigt hat. Im Jahre 1537 werden 51 Goldbergwerke im Gebiet von Steinheid urkundlich genannt. Von diesem Jahr liegen erstmals Erträge der Goldgewinnung vor. Sie belaufen sich auf 3 Mark, 11 Lot und 1 Quent, das sind 987,5 Gramm Gold aus 16 Gruben (Eine Mark hochkarätigen Goldes besteht aus 16 Lot, jedes Lot hat 4 Quent, das Lot Gold entspricht einer Menge von 16,5 Gramm). Ein Jahr später sind es aus 17 Goldbergwerken 728 Gramm Gold. Eine hohe Förderleistung wird 1540 mit 1093,5 Gramm Gold erreicht. Im Jahre 1560 wurden dem Kurfürsten von Sachsen anlässlich einer Hirschjagd im Gebiet von Steinheid einige Quarzstücke mit gut sichtbarem Gold überreicht.

Bis zum Jahre 1590 liegen, zumindest bruchstückenhaft belegt, schriftliche Nachweise über geförderte Goldmengen vor, wobei zwischen 1575 und 1577 in einem Zeitraum von zwei Jahren 2640,5 Gramm erfasst sind. Für den Zeitraum von 1581 bis 1590 werden nochmals 2225 Gramm Gold ausgewiesen.

Aus den Berichten des Bergmeisters Hans Mairhofer ist zu entnehmen, dass die Goldgewinnung in den Bergwerken des Steinheider Gebiets im Zeitraum von 1504 bis 1544 bis zu einer Tiefe von maximal 20 Metern erfolgte. Erst danach ist man in Tiefen von etwas über 40 Metern vorgedrungen.

Duckelbergbau nennt man die engen, oberflächennahen Bergwerke und Schächte. Duckeln ist die mundartliche Bezeichnung für „sich ducken“, „sich bücken“.

Stellt man die Einnahmen den Ausgaben gegenüber, übersteigen die Kosten der Goldgewinnung den erwirtschafteten Gewinn. Die Ursache lag wohl weniger im Goldbergbau selbst begründet. Vielmehr war es die Problematik der Goldaufbereitung. Das heißt die Trennung des Goldes vom tauben Gestein als den kostenintensivsten Faktor. Ich bin allerdings davon überzeugt, dass die Menge des geförderten

Goldes wesentlich höher war, als tatsächlich erfasst. So liegen über den Zeitraum von 1509 bis 1524 keine Unterlagen vor. Es muss auch bezweifelt werden, dass alles auf der Steinheide geförderte Gold angegeben und abgeliefert wurde. Hinzu kommen die territorialen Auseinandersetzungen zwischen der Schaumburger Seite und dem Kurfürsten von Sachsen, die trotz des Schiedsspruchs nie ganz aufgehört haben. Um 1562 häuften sich die Beschwerden über den Bergmeister Hans Köhler mit der Anschuldigung, dass er sein Amt vernachlässigen und zum Eigennutz arbeiten würde. Eine amtliche Untersuchung ergab allerdings, dass er von Bergleuten der Schaumburger Seite zu Unrecht beschuldigt wurde. Etwa um 1590 ging die Blütezeit des Steinheider Goldbergbaues zu Ende. Es fehlte danach jedoch nicht an Versuchen, den Goldbergbau wieder zu beleben. Im Juni 1616 war es Graf Philipp Ernst zu Gleichen, der sich die Rechte an den verlassenen Goldbergwerken bei Steinheid sicherte. Aus nicht näher bekannten Gründen

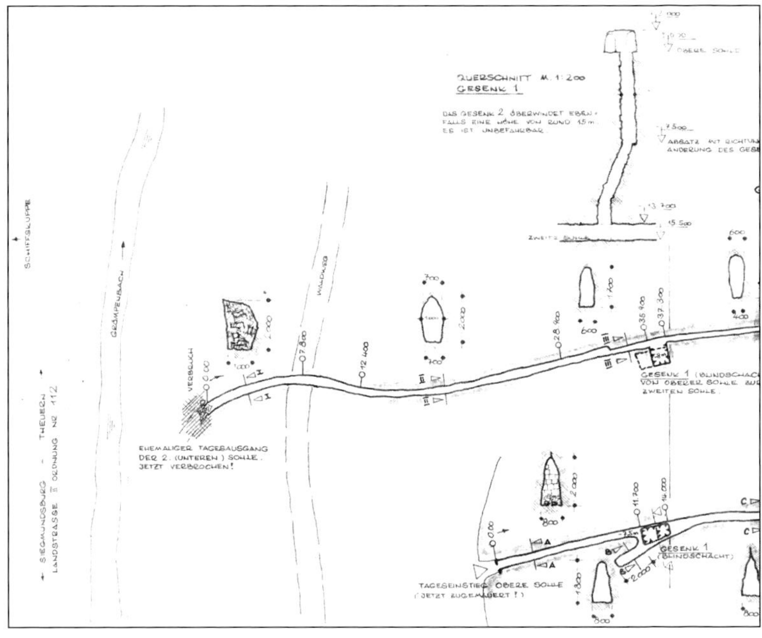

Bildabschnitt A

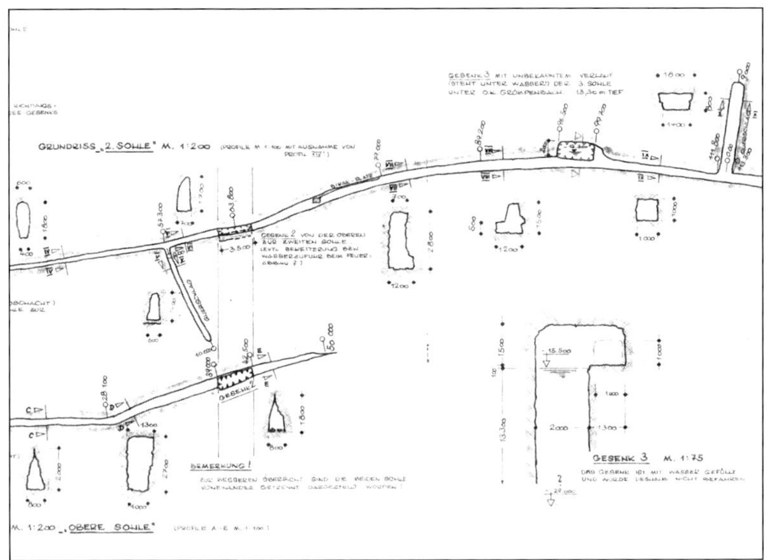

Bildabschnitt B

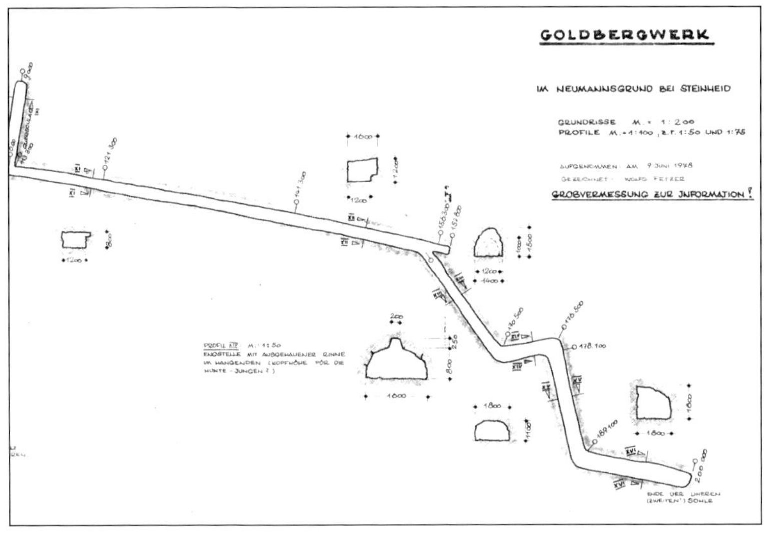

Bildabschnitt C. Die Bildabschnitte A bis C ergeben in der Reihenfolge zusammengesetzt den Grundriss des Goldbergwerks „Fürstenstollen", das 1978 vermessen wurde.

kam es jedoch nicht zu einer Wiederaufnahme der bergbaulichen Tätigkeit. 1690 versuchte Herzog Albrecht von Sachsen, den Plan einer Wiederaufnahme der Berggoldgewinnung in die Praxis umzusetzen. Er ließ die größten Grubenanlagen beiderseits der Grümpen untersuchen. Er konzentrierte sich hier besonders auf das alte Bergwerk „Güte Gottes“ am Fuße des Petersberges im Grümpental. Daneben erfolgten Aufschließungsarbeiten in den alten Zechen. „Landesfürst“ im Tal des Steinbaches bei Steinheid sowie der „Heiligen Dreifaltigkeit“ am Schiffsberg. Bis 1698 kam die erhoffte Goldförderung jedoch nicht wieder in Gang. Es fehlte bis 1720 nicht an Versuchen wieder Gold zu fördern, jedoch ohne Erfolg. Es sollten über 120 Jahre vergehen, bevor ernstlich an die Wiederaufnahme des Goldbergbaues bei Steinheid gedacht wurde. Forstinspektor und Professor Hellmann aus Dreißigacker bei Meiningen erhält vom Herzog den Auftrag alle Informationen und Nachrichten über den Goldbergbau zusammenzutragen und vor Ort selbst Untersuchungen vorzunehmen.
Am 20. November 1822 legt er seinen Bericht vor, der u. a. folgende Aussage enthält: *„Die Gesteinsart, in welcher dieser Bergbau betrieben wurde, ist Thonschiefer, welcher an mehreren Stellen in Kieselschiefer übergeht. In dieser Gebirgsart setzen zu beiden Seiten des Thals, das von Limbach nach Grümpen sich hinabzielt, eine Menge Quarzgänge auf, in welchen sich theils goldhaltige Kiese theils gediegen Gold in sehr kleinen Blättchen und haarförmigen Krystallen finden. Mit der größten Sorgfalt haben die Alten diese Gänge aufgesucht und abgebaut; daher die große Menge von Stollen, die in dieser Gegend sich zeigen. Man kann annehmen, dass in dem genannten Haupttale und den 3 Seitentälern (wüste Adorf, Langenbach und Steinbach) gegen 30 Schächten und Lichtlöcher vorhanden sind, die vielen Schürfe nicht mitgerechnet. Wo die Alten die erwähnten Quarzgänge fanden, da folgten die ihnen und daher sind die Stollen bald dicht unter dem Gipfel der Berge (wie am Hölzlein bei Steinheid), bald in der Mitte des Bergabhanges (wie an der Schiffskuppe, am Langenbach etc.) bald auf der Talsohle (wie am Petersberge) angesetzt und durchkreuzen sich nach allen Richtungen, so dass dieser Bergbau im ganzen ein höchst unregelmäßiges Ansehen erhält.“* … *„Unter den verschieden Grubenbauen in dieser Gegend ist der am Petersberge*

ohne Zweifel der bedeutendste gewesen, wie man aus den vorhandenen Nachrichten, aus der Größe der Halde und aus dem Umstande schließen kann, dass hier ein kostbares Kunstgezeug angebracht war, um die Wasser in tiefen Stollen zu wältigen. Dieser Bau wurde auch, wie es scheint, am regelmäßigsten betrieben, während die übrigen mehr ein Bild von Ausbau darstellen. Aus alledem geht hervor, daß die Ausbeute im Petersberge noch am größten war, was auch dadurch noch wahrscheinlicher wird, weil auf diesem Punkte die drei Haupt-Thonschieferformationen des Quarzes am, bedeutendsten ist. Dieses wäre also der Ort, wo noch, wenn auch nicht ohne große Zubuße, doch am vorteilhaftesten gebaut werden könnte. Leider aber steht dieser Grubenbau jetzt ganz unter Wasser und der einzige Stollen, der zu ihm führt, ist vom Tage herein verbrochen.“ (5)
Der Bericht schließt mit der Feststellung, dass vom Goldbergbau wenig Segen zu erwarten ist und es besser wäre, statt seiner Wiederaufnahme, den Abbau nutzbarer Schieferarten im Meininger Oberland zu betreiben. Trotzdem lässt der Herzog von Meinigen neben der Grubenanlage „Güte Gottes“ weitere Bergwerke öffnen und deren Inbetriebnahme vorbereiten. Zu einem Abbau der Goldquarzgänge kam es dann jedoch nicht.
1824 wurden alle Arbeiten eingestellt.

Goldisthal

Der Ort Goldisthal, bis 1715 Kohlitschtal genannt, war dem Amt Gehren unterstellt, das mit den Ämtern Arnstadt und Käfernburg zur Grafschaft Schwarzburg und damit zum Fürstentum Schwarzburg-Sondershausen gehörte. Die im 18. Jahrhundert entstandene Bergmannssiedlung lag ebenso wie die wichtigsten Goldbergwerke auf dem Gebiet von Sondershausen. Die Einwohner von Goldisthal waren damit auch der Gerichtsbarkeit von Sondershausen unterworfen.

Der originale Goldisthaler Ausbeutedukaten befindet sich im Thüringer Landesmuseum in der Heidecksburg in Rudolstadt

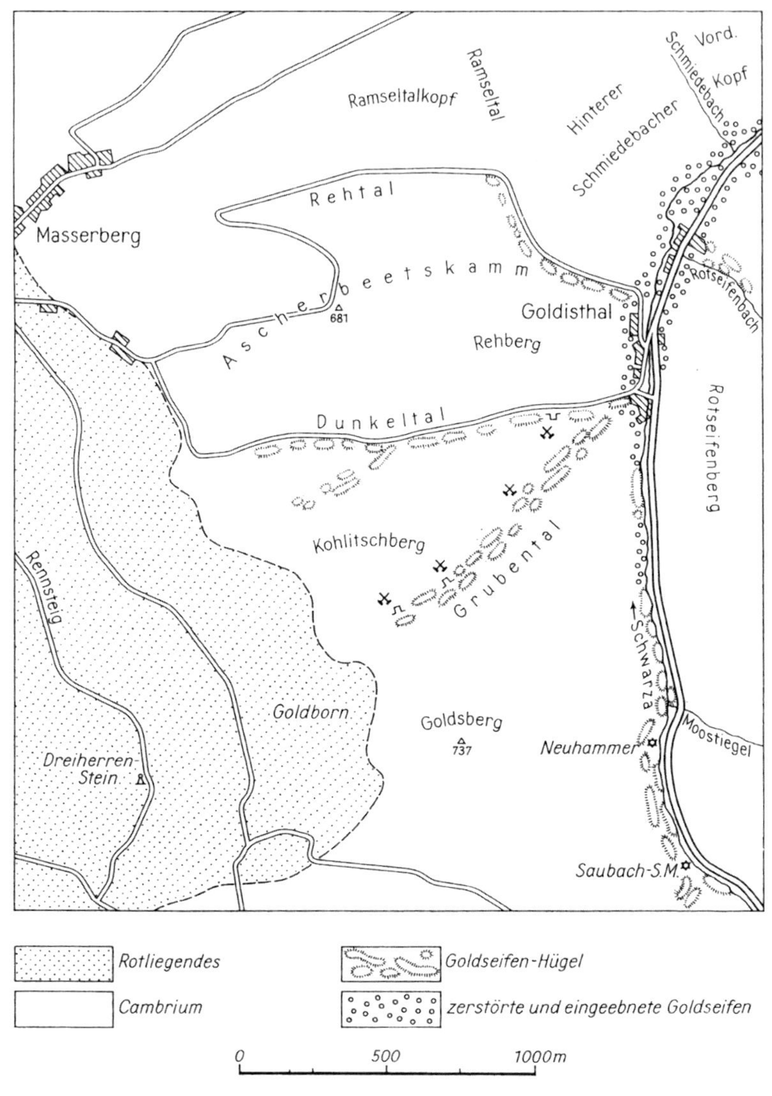

Vereinfachte Darstellung einer Karte nach Hans Heß von Wichdorff, 1914, des Goldisthaler Bergbaureviers

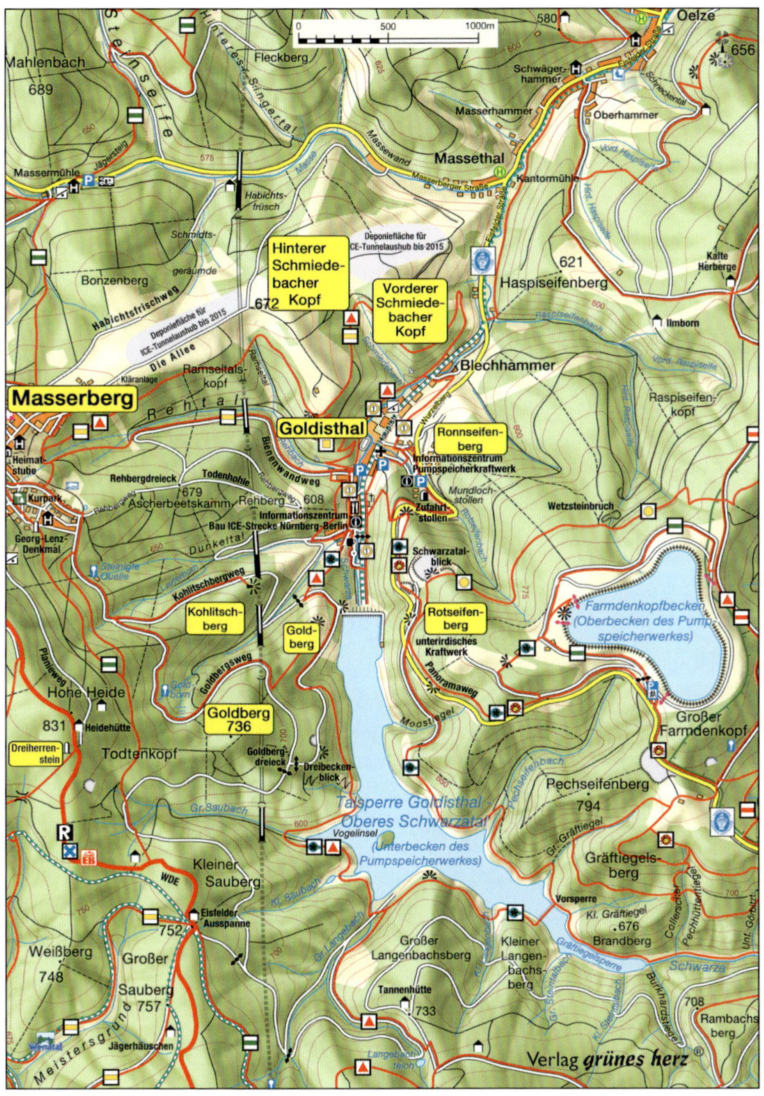

Goldisthal und Umgebung, mit dem Verlauf der ICE-Strecke

Erst im Jahre 1811 kam Goldisthal an Schwarzburg-Rudolstadt und unterstand dem gemeinschaftlichen Bergamt zu Könitz. Der Beginn des Goldbergbaues lässt sich heute nicht mehr feststellen. Die erste urkundliche Erwähnung liegt aus dem Jahre 1537 vor. In dieser Zeit wurde der Bergbau bereits im Kohlitschtal betrieben. Am 8. August des bezeichneten Jahres besichtigte Graf Albrecht von Schwarzburg die Goldbergwerke. In seinem Beisein wurden goldhaltige Quarze abgeschlagen. Im Sommer 1582 sieht die Belebung der Berggoldgewinnung auf dem Kohlitschberg vor den Erbstollen zu erweitern und ein Pochwerk zu errichten. 1590 schließen sich die Grafen und Gräfinnen von Schwarzburg, der Graf von Gleichen, der Graf von Mansfeld, Hofbeamte, Bürgermeister und die Städte Rudolstadt, Blankenburg, Königsee, Leutenberg, Ilmenau, Gehren, Langewiesen und Breitenbach zu einer Gewerkschaft zusammen um den Goldbergbau von Kohlitschtal zu finanzieren. Dieser konzentrierte sich hier auf die „St.-Nicklas-Fundgrube". Im Jahre 1596 wird der Erbstollen, wahrscheinlich vom Grubental aus, mit den alten Bergwerken verbunden und diese so entwässert. Innerhalb eines Jahres von 1. Mai 1597 bis 1. Mai 1598 liegt die Goldförderung bei 555,5 Gramm. Noch im Jahr 1598 werden weitere 171 Gramm Gold aus dem Quarzgestein gewonnen. Das gesamte Gold kommt aus der Goldzeche „St.-Nicklas-Fundgrube". Um 1602 scheint der Goldbergbau eingestellt worden zu sein. Bis zum Jahre 1659 schweigen die Akten. Während der Adel von diesem Zeitpunkt an im Kohlitschtal die Grubenanlage „Immanuel" betreibt, sind es Kaufleute aus Frankfurt, die Gold aus der Zeche „Wildemann" fördern. Über die Ergebnisse der Goldgewinnung liegen keine Angaben vor. Es kann jedoch davon ausgegangen werden, dass diese nicht unbedeutend waren. Schließlich hat Graf Anton Günther ab 1707 Schmelzhütten, nasse Pochwerke sowie Wohngebäude für die Bergleute errichten lassen und damit den Grundstein für den späteren Ort Goldisthal gelegt. Um 1717 wird der Bergbau und die Goldverhüttung nur noch eingeschränkt betrieben, da die hohen Unkosten den Gewinn um ein mehrfaches übersteigen. Nachdem die Goldgewinnung nur noch sporadisch betrieben wurde, erhielt der kursächsische Major Ernst Ludwig

von Damnitz alle Bergwerksrechte übertragen. Ihm wird auch gestattet, an der Einmündung des Kohlitschbaches in die Schwarza für sich ein Wohnhaus zu errichten und einen Gasthof für die Berg- und Hüttenleute zu betreiben. Der Herr von Damnitz musste dem Fürsten von Schwarzburg allerdings das Vorkaufsrecht am geförderten Gold einräumen. Dieses Gold nutzte der Fürst, um daraus einen Pokal anfertigen zu lassen und Dukaten zu prägen. Das Hauptproblem bestand allerdings in der Goldtrennung.
Dem Bericht des fürstlichen Geheimrates Freiherr von Metternich vom 19. Oktober 1730 ist u. a. folgendes zu entnehmen: *„Es ist auch zu erachten, dass wir die gemachten Schliche alle zu dem großen Schmeltzen ausbehalten, bey demselben aber alles darinn befindliche Gold in die Lufft gejaget und wir nichts als ein wenig Blei so ein bisgen Silberhaltig gewesen, daraus bekommen, wie Ihro Fürstl. Durchlaucht beyderseits davon hohe Augenzeugen gewesen". „Nach der Zeit haben wir zwey ganzt neue Stollen treiben und den alten tieffen Stollen um etliche Lachter verlängern, auch dies Jahr nicht allein einen neuen Schacht auf den „Rothen-Manne" niedersencken, sondern auch ein neues Pochwerck also bauen lassen, damit die arme Bergleute den gantzen Winter durch pochen, waschen und verquicken können. Indessen hat man anno 1728 wieder angefangen, das Verquicken zur Hand zu nehmen und das in denen sehr armen Ertzen befindl. Gold auf diese Art zu gute zu machen; Daraus aber bis hierher laut beyliegender Specification nicht mehr als 58 Loth unreines Gold bekommen".* (6)

Das Sterntalermädchen in Goldisthal hält einen Ausbeutedukaten im Arm und erinnert damit an die „goldenen" Zeiten

In einem weiteren Schreiben bittet Major von Damnitz den Fürsten darum, den „Zehenden“ noch nicht zu erheben, da ansonsten die Weiterführung des Goldbergbaues gefährdet ist. Prof. Hans Heß von Wichdorff geht in seinem Beitrag über den Goldbergbau mangels vorhandener Unterlagen davon aus, dass der Goldbergbau mit geringem Erfolg noch bis Anfang 1737 betrieben wurde. Nach Jahren der Ruhe bitten die Erben des Majors von Damnitz im Juli 1766 den Fürsten um Erneuerung der Goldisthaler Bergwerksprivilegien, die ihnen schließlich 1771 zugestanden werden. Damit ist der Goldbergbau, nunmehr betrieben von wohlhabenden Wiener Kaufleuten, fest in österreichischer Hand. Der Bergbau konzentriert sich auf den Kohlitschberg und die hier befindlichen Gruben „Goldenes Glück“, „Neues Glück“, „Roter Mann“ und „Damnitz Hoffnung“. Schon die Namen der Gruben verraten, dass diese nicht aus der ältesten Bergbauperiode stammen. Wegen fehlender finanzieller Mittel kam der Bergbau jedoch bereits 1772 zum Erliegen. Zu einer Wiederaufnahme kam es nicht mehr.

Reichmannsdorf

Der Beginn des Goldbergbaus bei Reichmannsdorf lässt sich ebenfalls nicht nachweisen. Vermutet wird, dass schon zu Beginn des 12. Jahrhunderts westfälische Bergleute die untertägige Goldgewinnung bei Reichmannsdorf betrieben. Gestützt wird diese Vermutung auf der Tatsache der engen Beziehungen, die zum damaligen Zeitpunkt zwischen Saalfeld und dem Erzbistum Köln bestand. Für das hohe Alter des Goldbergbaus spricht auch die Entstehung des Ortes Brandiskirchen im 12. Jahrhundert am Osthang des Kirchberges von Reichmannsdorf, gegründet und bewohnt von Bergleuten, die in der Nähe Goldbergbau betrieben. Das heute als Wallfahrtskapelle „St. Brandis“ bekannte Gotteshaus, von dem nur noch Grundmauern vorhanden sind, wurde wohl am Ende des 12. Jahrhunderts als Dorfkirche errichtet und nach der Aufgabe des Ortes als Wallfahrtskapelle genutzt.
Es ist dem Thüringischen Landesamt für Archäologie und Denkmalpflege zu verdanken, dass ab 2001 der Grundriss der Kapelle freigelegt und als Zeugnis mittelalterlicher Siedlungsgeschich-

te gesichert wurde. Die älteste Nachricht über den Goldbergbau bezieht sich auf den Goldberg, der westlich von Reichmannsdorf liegt und der in einer Urkunde Kaiser Ludwigs IV. aus dem Jahr

Von der Wallfahrtskapelle „St. Brandis“ sind nur noch Grundmauern vorhanden, denkmalpflegerisch aufbereitet.

1335 genannt wird. Diese beinhaltet die Schlichtung von Streitigkeiten zwischen der Gräfin von Orlamünde als Besitzerin der Herrschaft Gräfenthals zu der der Goldberg gehörte und den Grafen von Schwarzburg. Am Goldberg konzentrieren sich auf einem Streifen bis 170 Meter Breite und bei einer Längsausdehnung von etwa 500 Metern dicht an dicht die Reste des mittelalterlichen Goldbergbaues.

Er besteht aus einer Vielzahl von Pingen (verbrochene Schächte) mit kleineren und größeren Halden. Der westliche Teil des Goldberges scheint auf der Suche nach Gold völlig durchwühlt zu sein. Wir haben hier den mittelalterlichen Duckelbergbau vor uns, so wie er zu dieser Zeit auch in Schlesien und Böhmen betrieben wurde. Prof. Hans Heß vom Wichdorff, der den Bergbau des Goldberges untersucht hat, kommt auf 900 alte Gruben, die sich hier

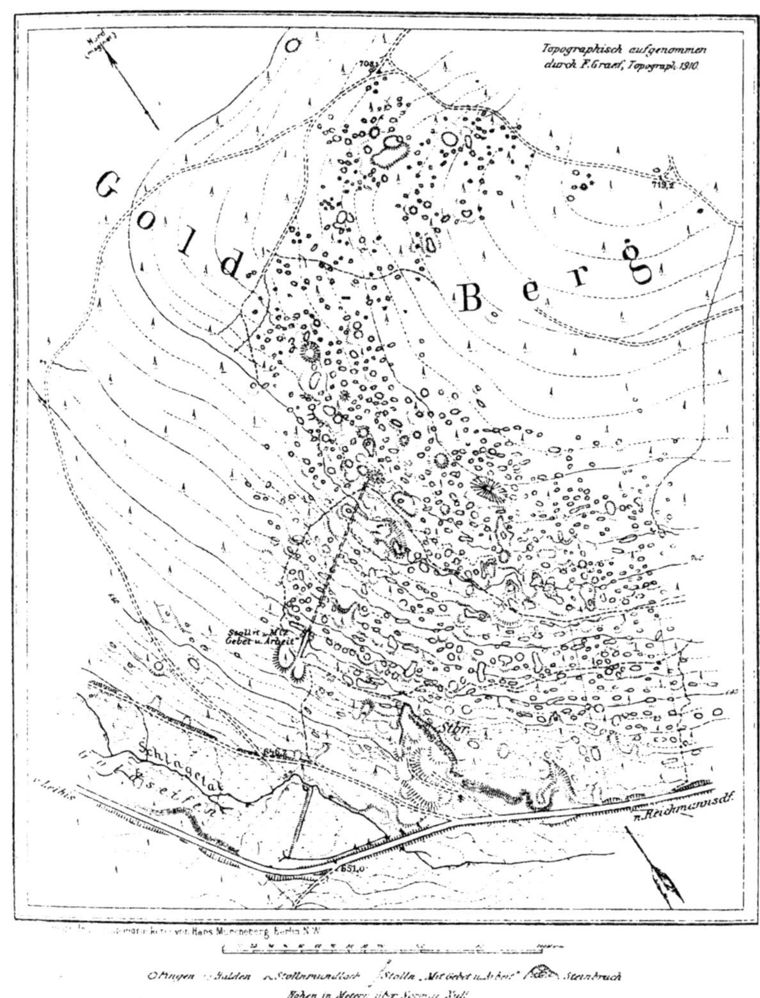

Spezialkarte des mittelalterlichen Goldbergbaues am Goldberg bei Reichmannsdorf, nach Hans Heß von Wichdorff, 1914

befinden. Zu Streitigkeiten über den Goldbergbau kam es erneut im Jahre 1404. Die Goldbergwerke wurden nach 1335 gemeinsam von den Grafen von Schwarzburg und den Grafen von Orlamünde betrieben, gegen die sich der Markgraf Balthasar von Meißen

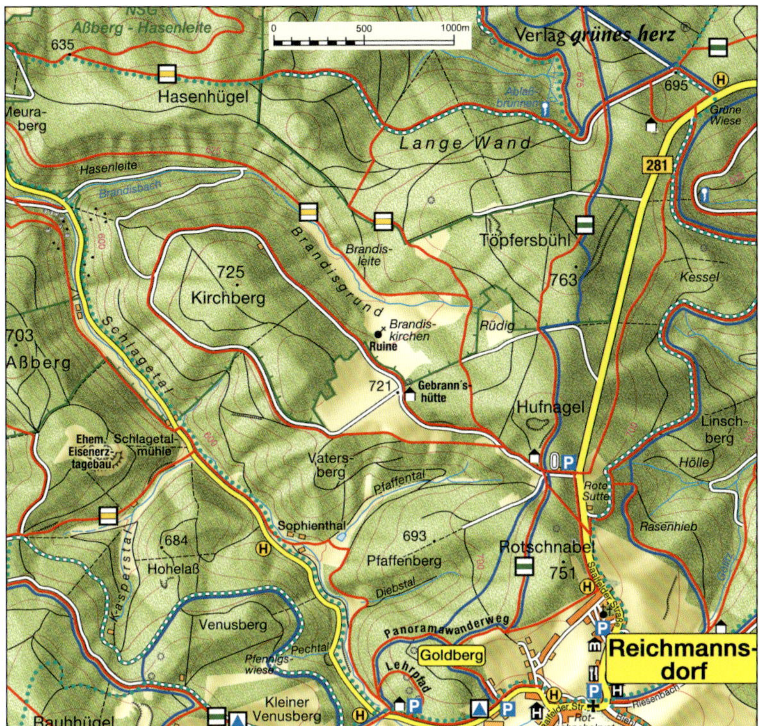

Das Reichmannsdorfer Revier

mit Besitzansprüchen wendete. Die Grafen von Schwarzburg konnten sich schließlich in allen Belangen durchsetzen. Wäre der mittelalterliche Goldbergbau von Reichmannsdorf nur unbedeutend gewesen, hätte es die Streitigkeiten sicherlich nicht gegeben. Die in großer Vielzahl dicht beieinander liegenden Schächte belegen zu dem, dass die Goldausbeute im 14. und 15. Jahrhundert beträchtlich gewesen sein muss. Der gewonnene Goldquarz kam zur Aufbereitung in sogenannte Quickmühlen, die wahrscheinlich am Fuße des Goldberges im Tal des Schlagebaches lagen. Über die Abbauperiode von 1477 bis zu Beginn des 16. Jahrhunderts liegen kaum Angaben vor. Bekannt ist allerdings, dass sich zahlreiche Bürger von Saalfeld, Weimar und anderen Städten zu Gewerken zusammengeschlossen hatten und bei Reichmannsdorf Bergbau

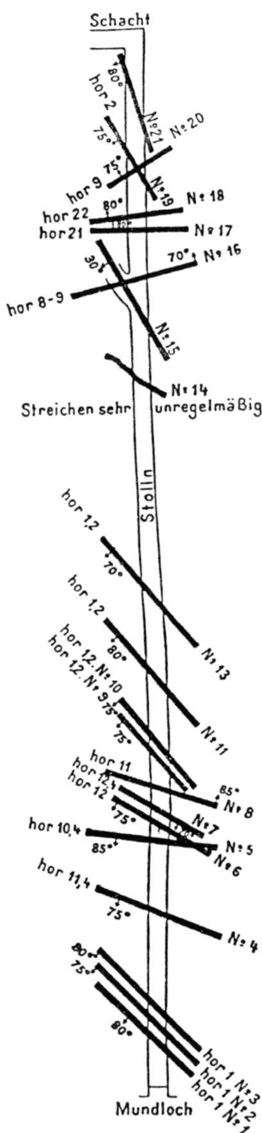

Quarzgänge im Stollen „Mit Gebet und Arbeit“ am Goldberg bei Reichmannsdorf

auf Gold betrieben. Das scheint dem Ritter Sebastian von Pappenheim, der in Gräfenthal residierte, ein Dorn im Auge gewesen zu sein. Er ließ die dort tätigen Bergleute einkerkern und verbot dem Bergmeister Hans Kreitzinger jegliche Tätigkeit. Daraufhin musste sich 1503 der Kurfürst von Sachsen einschalten und den wütenden Ritter aus Gräfenthal zur Ordnung rufen. Ob die Städter mit ihrer Gewerkschaft mit Erfolg Gold erschürft haben, ist nicht bekannt. Wahrscheinlich haben sie die Goldgewinnung mit einem Minusergebnis aufgeben müssen. Erst 1577 scheint der Goldbergbau wieder aufzuleben. Aus diesem Jahr liegt der Bericht des Bergvogts zu Saalfeld Dr. Erasmus Reinholt an die Räte von Weimar vor, aus dem sich ergibt, dass in den alten verfallenen Schächten des Goldberges bereits Bäume wachsen, die mehr als einhundert Jahre alt sind. Obwohl die Lagerstätte des Goldberges bereits Ende des 15. Jahrhunderts als erschöpft angesehen wurde, fehlte es in den folgenden Jahrzehnten nicht an Versuchen, den Goldbergbau wieder zu beleben. Zu beachten ist dabei, dass der Lebensstandart und die Löhne der Bergleute sehr niedrig waren, so dass selbst Quarz und Gestein mit geringen Goldspuren noch Gewinn abwarfen. Ins Reich der Fabel gehört sicher die Mitteilung aus dem

16. Jahrhundert, wonach bei Reichmannsdorf ein Goldklumpen im Wert von 800 Goldgulden gefunden wurde. Die geologische Situation der Lagerstätte lässt gediegenes Gold in dieser Größenordnung nicht zu. Unglaubwürdig sind auch Angaben darüber, dass im Verlaufe von fünfzig Jahren auf dem Goldberg zehn Tonnen Gold erschürft wurden.

Bei vorsichtiger Schätzung kann man zu der Schlussfolgerung gelangen, dass der mittelalterliche Duckelbergbau auf dem Goldberg in einem Zeitraum von ca. 150 Jahren mehrere Zentner Gold erbracht hat.

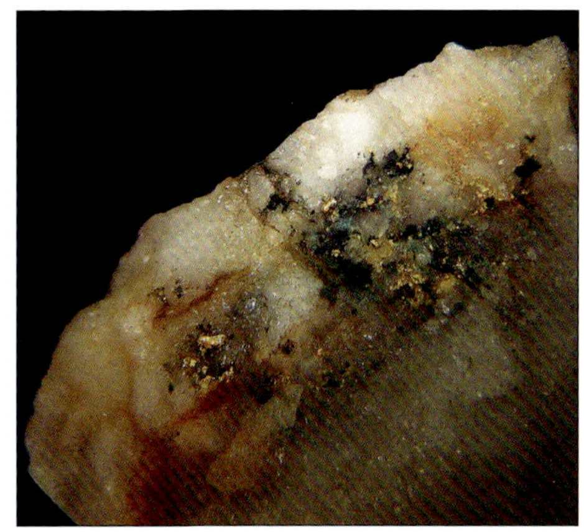

In Reichmannsdorf gefunden – eine Goldstufe (Originalgröße 0,5–1 Millimeter)

Nach eingehender Untersuchung der Möglichkeiten, den seit Jahrhunderten nur noch sporadisch betriebenen Goldbergbau wieder zu beleben, genehmigte der Kurfürst im Sommer 1578 die Bildung einer Betreibergesellschaft, an der er sich neben den Herzögen von Sachsen selbst beteiligte. Der für den Bergbau zuständige Bergvogt Dr. Erasmus Reinholt warb Bergleute an und begann im Sommer 1579 mit dem Bau eines Pochwerkes. Über die weitere Entwicklung des Geschehens ist nichts bekannt, da entsprechende Unterlagen fehlen. Im Jahre 1680 entstand das Fürstentum Sachsen-Saalfeld, zu dem Reichmannsdorf gehörte, um dann 1735 auf das durch Erbteilung entstandene Fürstentum Sachsen-Coburg-Saalfeld überzugehen.

1699 erhält der Berghauptmann Friedrich Barthol von Bielen die Bergrechte am gesamten Goldberg. Um die notwendigen Kosten aufzubringen werden zwei Gewerkschaften gegründet und zwar „St. Johannes“ sowie „St. Bartholomaeus“ an denen sich zahlreiche Fürsten und Herzöge sowie die Damen und Herren des Hofstaates beteiligten. Ein derartiges Interesse an der Goldgewinnung selbst war nicht nur auf die bergbauliche Tätigkeit ausgerichtet, sie bezog auch die Goldseifen des Schlagetals mit ein. Aus Berichten des Jahres 1700 ist zu entnehmen, dass der Stollenbau Fortschritte macht und das für die künftige Pocharbeit bereits ein großer Vorrat an Goldquarz angehäuft wurde. Mit dem Bergbau sollten vor allem die tieferen Teile der Goldquarzgänge abgebaut werden. Bis zum Jahre 1707 ist über die weitere Entwicklung der Goldgewinnung nichts zu erfahren. In diesem Jahr unterbreitet der Schichtmeister Joh. Conrad Meyer den Vorschlag, quer durch das Schlagetal einen Graben bis zum felsigen Untergrund zu ziehen und im Felsgestein eine Rinne auszuhauen. Der Graben soll ausgezimmert und sein oberer Teil mit Bohlen abgedeckt werden. Der Schichtmeister begründet seinen Vorschlag damit, dass die Flut im Frühjahr das von ihr transportierte Gold hier absetzen wird. Am Fuße des Goldberges war inzwischen ein Pochwerk errichtet worden. Das Ergebnis der Goldgewinnung wirkt ernüchternd, da es mehr als dürftig ist. Der Schichtmeister J. Conrad Meyer kommt zu der Einschätzung, dass pro Tonne Quarz noch nicht einmal ein halbes Gramm Gold erwirtschaftet wird. Die Ursache wird darin gesehen, dass die in größerer Tiefe abgebauten Quarzgänge im Gegensatz zu den oberen Bereichen des Goldberges fast goldfrei sind. Der inzwischen neu eingesetzte Schichtmeister Joh. Georg Mehner berichtet 1710 und 1711 das man die bergbauliche Tätigkeit in größerer Tiefe aufgegeben und sich mehr dem Goldseifen zugewandt hat. So wird u. a. das lockere Gestein der Halden, das aus der mittelalterlichen Bergbauperiode stammt, aufbereitet und neue goldhaltige Quarzgänge erschürft. Trotzdem verbessert sich das Ergebnis der Goldgewinnung kaum. Besonders intensiv wurde die Goldgewinnung zwischen 1722 bis 1728 betrieben. In der gesamten Zeit erhielt Herzog Johann Ernst von Sachsen-Saalfeld neben kleinen Goldstüfchen und Goldkörnern mehrere Lot des gewonnenen Goldes. Der Herzog ließ, beginnend ab 1717, davon goldene Ausbeutedukaten prägen. Die Goldgewinnung ist für die Zeit zwischen 1728 und 1740 kaum belegt. Es kann jedoch davon ausgegangen werden, dass in geringem Umfang Bergbau auf dem Goldberg und Sei-

Blick auf die Kirche von Reichmannsdorf, die bereits auf den Golddukaten abgebildet ist

fengoldgewinnung im Schlagetal und seinen Nebentälern weiter betrieben wurde. Eine neue Bergbauperiode beginnt 1740. Eine Gräfenthaler Knappschaft beginnt mit Wiederaufnahmearbeiten in der Zeche „Mit Gebet und Arbeit" auf dem Goldberg. Im Jahre 1741 bildet sich eine Gewerkschaft mit der Zielstellung, den Goldbergbau finanziell zu unterstützen. An der Gewerkschaft beteiligt sich u. a. Herzog Franz Josias von Sachsen-Coburg-Saalfeld. Aus dem Jahre 1761 liegt ein Bericht des Berg- und Hüttenschreibers des Bergamtes Gräfenthal Karl Wilhelm Krauß vor, aus dem sich u. a. ergibt, dass in der Zeit von 1722 bis 1724 und von 1741 bis 1748 die Goldgewinnung sehr intensiv betrieben wurde. Diese konzentrierte sich auf die bergbauliche Tätigkeit und den Seifenbetrieb. Zu diesem Zweck hatte der Herzog 1750 zwei erfahrene Pochwerker aus Ungarn angeworben, deren Aufgabe es war, ihre Erfahrungen in der Goldaufbereitung zu vermitteln. Ob diese tatsächlich hilfreich tätig wurden, ist nicht bekannt. Erst 1764 wurde eine neue Gewerkschaft zur Wiederaufnahme des Reichmannsdorfer Goldbergbaus ins Leben gerufen. An ihr beteiligte sich die Spitzen des zuständigen Territorialadels allen voran Herzog Franz Josias. Am 9. Juni 1766 ließ sich der Herzog in Begleitung des Münzdirektors die Goldaufbereitungsanlagen vorführen. 1766 wurden die letzten Reichmannsdorfer Dukaten geprägt. Nach Jahren einer wohl nur sporadisch betriebenen Goldgewinnung, versuchte ein Müller aus Röblitz bei Saalfeld, namens Johann Georg Jüngling, 1823 den Goldbergbau wieder zu betreiben. Ihm folgte 1872 ein Eduard Hofmann aus Saalfeld und von 1885 bis 1887 die Saalfelder Erzbergbau-Gewerkschaft. Die umfangreichen Untersuchungen, insbesondere im Altbergbaubereich des Goldberges, führten zu unterschiedlicher aber auch widersprüchlicher Bewertung einer Erfolg versprechenden Wiederaufnahme der untertätigen Goldgewinnung. Daran änderte auch die 1923 ins Leben gerufene „Reichmannsdorfer Goldbergbau AG" nichts, da es ihr trotz aller positiven Vorankündigungen nicht gelang, wieder Goldbergbau zu betreiben.

Weitere Regionen

Neben den beschriebenen Hauptabbaugebieten wurde Goldbergbau noch bei Katzhütte, am Eisenberg bei Corbach, bei Glasbach („Güldene Kirche"), bei Unterweißbach („Güldenes Kleeblatt") auf dem Silberberg bei Gahma sowie auf dem Tänningshaupt bei Schwarzburg betrieben.

Auch der historische Bergbau von Schmiedefeld auf Eisenchlorit, Chamosit und Alaunschiefer im Schwefelloch, heute das bekannte Schaubergwerk „Morassina" mit Heilstollen „Sankt Barbara", ist wegen der hier nachgewiesenen Goldfunde zu berücksichtigen. Der obere Erzhorizont der sogenannten Schmiedefelder Folge an der SO-Flanke des Schwarzburger Sattels ist durch Bohrungen bis in den Raum Jena nachgewiesen worden. Bei Schmiedefeld wurden die Erze im Über- und Untertagebau bis 1971 abgebaut. Im Ostteil des Grubenbereiches wurde etwa um 1920 Pyrit (Schwefelkies) gefunden, der auch in Gold umgewandeltes Pyrit enthält. Zwei der gefundenen historischen Goldstufen befinden sich in meiner privaten Sammlung. Ende des 17. Jahrhunderts begann man im Schwefelloch Altbauschiefer abzubauen, aus dem bis etwa 1860 Alaun, Vitriol und Schwefel gewonnen wurde. Der Alaunschiefer wird von zahlreichen Quarzgängen schwarmartig durchzogen. Im

Gangquarz wurde, ebenso wie im erzeugten Vitriolschmand, Gold nachgewiesen.

Die wirtschaftliche und soziale Situation der Bergleute in den Goldbergwerken ist als sehr schwierig einzuschätzen. Hinzu kam

Das Schaubergwerk „Morassina" entstand aus einem Alaunschieferbergwerk mit tropfsteinartigen Gebilden, hier wurde auch Gold gefunden

die gesundheitliche Situation der Bergleute über die kaum etwas bekannt ist. Es gab keinen Schutz gegen die schädlichen Auswirkungen unter Tage. Besonders gesundheitsgefährdend waren die Auswirkungen des Feuersetzens.

Gerade der unzulängliche Schutz von Leben und Gesundheit legte auch den Gedanken an die Errichtung von Knappschaftskassen zur gegenseitigen Unterstützung und zur Bestreitung der Kosten für gemeinschaftliche Bedürfnisse nahe. Eine wirkliche Beseitigung der Not konnte von hier jedoch nicht ausgehen, allenfalls eine Linderung blieben die Büchsenpfennige doch immer das „Blutgeld der Armen für die Armen".

In Katzhütte finden sich noch Stollen ehemaliger Goldgruben

Völlig unzulänglich waren auch die Wohnverhältnisse der Goldbergleute des Schiefergebirges. Der Besitz eines eigenen Hauses oder einer Hütte war ebenfalls nicht die Regel. Es ist belegt, dass die Bergleute in der wärmeren Jahreszeit mit Frau und Kind vor den Gruben oder in ihrer Nähe gehaust haben. Der Verdienst reichte kaum zum Bestreiten der notwendigsten Bedürfnisse aus. Wenn schon Bergbeamte die Lebensumstände nicht ausgehalten haben, wie mag es dann erst den Bergleuten ergangen sein. Die wirtschaftlichen und sozialen Verhältnisse der Bergstadt Steinheid in jener Zeit dokumentiert ein Gesuch des zuständigen Bergmeisters aus dem Jahr 1571, in dem er um seine Versetzung nach Saalfeld bittet. Es hat folgenden Wortlaut:

„So wollde ich gerne mitt meinem armen, weybe, welches zuweylin schwach und krank, und kindern, dissen dreyn geschwinden wilden ortt steinheid, do etlich mol zu essen zu trinken, jahe zum oftern mol das lybe wasser nicht zu bekommen, hywegk und an Eynen Bequemeren ortt, alß zu Salutt leyen, do Ich mir meynem armen gesyndeleyn gotis wortt Renner und Besser herin, auch sunsten Eyne besser Außkomunge Bey meinem geringen heußelein und anders haben mocht“. (7)

Der „Fürstenstollen“ und andere bedeutende Goldbergwerke

Neben einer Vielzahl von Grubenanlagen, die eine geschichtlich besondere Bedeutung erlangt haben, gehört der Fürstenstollen sowie andere Gruben. Sie gewähren Einblicke in die bewegte bergmännische Geschichte der untertägigen Goldgewinnung und sind gleichsam Spiegelbilder der schweren und gefahrvollen Tätigkeit der Bergleute vergangener Jahrhunderte.

Im Jahre 1507 werden folgende Zechen bei Steinheid besonders erwähnt: „Das Schiff“, „Zu unnser lieben frawen in der sonnen“, „Sannt Wolffgangk“ und der „Fürstenstollen“. Es kann wohl davon ausgegangen werden, dass mit dem Bau des Fürstenstollens bereits vor 1507 begonnen wurde. Dieser befindet sich im Neumannsgrund oberhalb des Bachbettes der Grümpen auf der Schaumburger Seite etwa gegenüber dem Taleinschnitt des Mühltiegels. Der Fürstenstollen ist das größte Goldbergwerk im Neumannsgrund. Unter Federführung von Dipl.-Ing. Wolfgang Fetzer wurde die Zeche von der Bezirksfachgruppe Geowissenschaften Suhl im Kulturbund der DDR, jetzt Geowissenschaftlicher Verein Suhl 1961 im Jahre

Offenes Stollenmundloch oberhalb des verschlossenen Fürstenstollens

1978 aufwändig vermessen und in einem Risswerk dargestellt. Die Grubenanlage besteht aus einer von außen jetzt unzugänglichen unteren Sohle, die durch zwei Blindschächte mit einer oberen Sohle verbunden sind. Die untere Sohle hat eine Länge von ca. 200 Metern. Sie weist zwei Querschläge auf mit einer Länge von jeweils 10 Metern. Zwischen beiden Querschlägen befindet sich ein mit Wasser gefülltes Gesenk offensichtlich die Verbindung zu einer noch tieferen Sohle, die dann allerdings unter dem Niveau des Grümpenbaches liegt. Das mit Wasser gefüllte Gesenk hat eine Tiefe von über 13 Metern. Die obere Sohle ist ebenfalls über einen Zugang von außen oberhalb des Bachbettes, im steilen Hangbereich des Blößbergmassivs liegend, zu befahren. Die beide Sohlen verbindenden Schächte weisen eine Tiefe von etwa 15 Metern auf, wobei wohl in ihnen ursprünglich Fahrten (Leitern) eingelassen waren, die eine Befahrung beider Sohlen durch Bergleute von unten nach oben und umgekehrt ermöglichten.
Bemerkenswert ist die Tatsache, dass die untere Sohle im vorderen Drittel der Strecke eine Gangbreite bis maximal 0,70 Meter hat, danach erhöht sich die Breite des Ganges auf durchschnittlich 1,20 Meter, um dann im letzten Viertel der Gangstrecke eine Breite von 1,80 Metern zu erreichen. Die durchschnittliche Höhe des Stollens liegt bei ca. 1,80 Meter. Der obere Stollen entspricht in seinem Größenverhältnis dem unteren Stollen. Da der Ausbau der Grubenanlage ohne Einsatz von Sprengtechnik nur mit Bergeisen und Schlegel erfolgte, hat man sicher Jahrzehnte benötigt, um in dem harten Gestein eine solche Grubenanlage wie den „Fürstenstolle“ entstehen zu lassen. 1543 wird in den Steinheider Goldbergbauakten der Bergmeister Burkhard Beck genannt. Außer ihm war zu gleicher Zeit ein Hans Mairhofer, ehemaliger kurpfälzischer Bergvogt zur Aufsicht über den Goldbergbaubetrieb eingesetzt. Nach vorliegender Rechnungslegung war sein Gehalt doppelt so hoch wie das des Bergmeisters. Er erhielt außerdem Vergünstigungen, die dem Bergmeister nicht zustanden. Am 2. Mai 1544 berichtet Mairhofer über die bergbauliche Situation und den tiefen Erbstollen (gemeint ist der Fürstenstollen) u. a., dass der am Grümpenbach auf einen Goldgang angesetzte tiefe Erb-

stollen mitten zwischen den zahlreichen Goldgängen der Schaumburger Seite parallel entlang läuft und die in seiner unmittelbaren Nähe befindlichen Goldgänge durch folgende Bergwerke abgebaut werden: „Gottesgabe“, „Vier Brüder“, „Güldenstern“, St. Anna“, „St. Sebald“, St. Niclas“ und „St. Johannes“.
Aus dem Jahre 1562 liegen mehrere Berichte des Bergmeisters Hans Köhler vor, aus denen ersichtlich ist, dass vier tiefe Erbstollen angefangen und bereits weit in das Gebirge vorgetrieben wurden.

Verschlossener Stollenzugangsbereich der Grube „Güte Gottes“

Benannt werden:
„Der tyffe fyrstennstullenn 100 Lachtter,
Der Heubels stullenn 78 Lachtter,
Der schyff stullenn 42 Lachtter,
Der Myttlere stullenn 56 Lachtter“.
Erbstollen wurden u. a. angelegt, um Grubengebiete zu entwässern und Nachweise über vorhandene Erzlagerstätten zu erlangen.

Im Berg stecken gebliebenes Bergeisen, gefunden im Schaubergwerk Morassina

Ein Lachter entspricht der Strecke von etwa zwei Metern. Bereits zur damaligen Zeit waren bei Steinheid bis zu 60 Goldquarzgänge festgestellt worden, die auch bergmännisch erschlossen wurden. Ein weiteres bedeutendes Goldbergwerk im Steinheider Bergbaugebiet ist die Grubenanlage „Güte Gottes". Ihr Stollenmundloch liegt unterhalb des Andruffgrabens im Neumannsgrund am Fuße des Petersberges direkt an der Straße zwischen Limbach und Theuern. Schilder weisen auf dieses Bergwerk hin, vor dem sich eine kleine Parkfläche mit Bänken befindet. Diese Grubenanlage wird unter dem Namen „Gabe Gottes" erstmals 1581 erwähnt. Aus erhalten gebliebenen Schriften ist zu entnehmen, dass der Pfalzgraf Ludwig bei Rhein im Sommer 1581 seinen Bergmeister zur Besichtigung der Goldbergwerke nach Steinheid schickte. Dessen Untersuchungen sollen zur Auffindung eines neunen Goldganges geführt haben und damit zur Eröffnung der Zeche „Gabe Gottes". *„Uff befehl Herrn Burckhard grafen zu Barby ist uff Anzeig Hannß Vischer, Pfalzgräfischen bergmeister, durch mich Peter Hagener, der Bergmeister zur Steinhayde, der vor vornehmste goldgang zur Steinhayde im Adorff bei einem alten schacht uffen Petersberge, ein stollen zu bauen*

vorgenommen.“ (8) Aus Rechnungsunterlagen und Berichten zwischen 1581 und 1590 ergibt sich zweifelsfrei, dass es sich bei dieser Grubenanlage um die Zeche „Gabe Gottes“ handelt.
Am 11. September 1690 ernennt der zuständige Herzog den Hammermeister Georg Sebastian Gottfried, Inhaber des Steinacher Hüttenwerkes, zum Bergvogt. Er beauftragt ihn, den am Boden liegenden Steinheider Goldbergbau wieder zu beleben. Den Schwerpunkt legte Gottfried darauf, das Bergwerk „Gabe Gottes“, später umbenannt in „Güte Gottes“, wieder zugänglich zu machen. Wenn 1590 in dieser bedeutenden Grubenanlage mit der Funktion eines Erbstollen zur Entwässerung der Bergleute nicht mehr gearbeitet wurde und diese dem Verfall preisgegeben war, muss der Goldbergbau zu dieser Zeit praktisch nicht mehr betrieben worden sein. Im Jahre 1691 wurde mit der Aufwältigung dieser Grubenanlage begonnen. Am 12. November 1692 teilt Bergvogt Gottfried der Fürstlichen Kammer mit, dass vorhandene Berechnungen die Anlegung eines tiefen Schachtes nachweisen, es jedoch nicht ersichtlich ist, wie weit der Schacht vorgetrieben wurde. Nachweisbar hat der Bau der Grubenanlage „Güte Gottes“ hohe Kosten verursacht, die zur Goldgewinnung selbst in keinem Verhältnis standen. Die Ursache lag wohl darin begründet, dass in der Zeche eine Wasserkunst zur Bewältigung der auftretenden Wassermassen errichtet wurde. In einem eigens dafür ausgehauenen Schacht wurde ein sieben Meter hohes Kunstrad eingehängt, das über Messingrollen den Antrieb der Wasserkunst ermöglichte.
Der zuständige Bergvogt Gottfried fand nach der Öffnung der Grubenanlage im Jahre 1694 noch die Reste der Kunstanlage. Wie schwierig ursprünglich ihre Errichtung gewesen sein muss, ist einer schriftlichen Mitteilung aus dem Jahre 1589 zu entnehmen indem es u. a. heißt: *„… dass das waßer aus der Tiefen Krümpen über den Hüffenberg und Lindberg uff das Kunstrad geführet, 1033 Lachter weit.*“ (9)
Eine Inbetriebnahme des Stollens nach 1694 erfolgte nicht. Der Meininger Herzog verfügte 1822 Untersuchungen zur Wiederaufnahme des Goldbergbaues. Dazu wurde auch die Zeche „Güte Gottes“ unter erheblichen Aufwand wieder zugänglich gemacht.

Trotz mehrmonatiger angestrengter Arbeit der Bergleute, die ständig der Gefahr nachbrechender Gesteinsmassen ausgesetzt waren, gelang es jedoch nicht, den Kunstrad-Schacht zu erreichen. Im August 1824 wurden die Arbeiten schließlich völlig eingestellt.
Bei Goldisthal konzentrieren sich die Goldgewinnungsarbeiten 1590 auf die Zeche „St.-Nicklas-Fundgrube“ auf dem Kolitzsch, gemeint ist wohl der Kohlitschberg. 1596 wird der Erbstollen wahrscheinlich vom Grubental aus auf den alten Schacht vorgetrieben und so alte, längst stillgelegte Goldbergwerke erreicht und diese entwässert. Bereits zu dieser Zeit gab es erhebliche Unklarheiten bezogen auf die genaue Lage des alten Schachtes und der dort befindlichen Bergwerke. Anders als im Goldbergbaugebiet von Steinheid, mangelt es an entsprechenden Aufzeichnungen und Berichten. Der damalige Bergmeister Kramer berichtet am 04. August 1596 u. a. folgendes: *„E-G- soll ich underthenigen nicht Bergen, wie es vmb das goldbergkwerg vfm Kolitzsch geschaffen. Ob man wol viel vnkosten vf den Durchchlagk aufwenden müssen vnd sonderlich mit den Jrrfahren, dieweil der Arbeiter keiner, viel weniger ich, zuvor in dem tieffsten gewesen vnd dasselbe gewust, So hatt man doch drey geng mit solchen vberfahrenn, deren zwene reich mit Gold sich erzeigenn, vnd die man inn dem tieffsten zuvor nicht gehabtt. „Dieweil man den nuhn den Durschlagk (wie gemelt) gemacht vnd das wasser gelöset, so thutt man itzo die strecken vnd stroßen ausschlemmen, verhöffentlich, man werde in 14 Tagen mit dem Ausschlemmen fertig werden. So ist nuhmer die höchste nott, das man noch einen Buchwergk trachte, domit man sobald Gold macht vnd nicht stettiges aus dem Beutel gebauhet werde.“* (10)
Aus dem vorgenannten Bericht ist auch ersichtlich, dass in Erwartung reicher Goldfunde hohe Kosten entstanden sind. 1695 wird im Kohlitschthal die Grube „Wildemann“ betrieben. Ihr Stollen wird mit 15 Lachter (30 Meter) Länge angegeben. Aus dem Jahre 1707 liegt ein Bericht vor, aus dem sich ergibt, dass die Arbeiten im „Immannelsstollen“ im Kohlitschtale fortgesetzt wurden und der Stollen über 200 Lachter (400 Meter) bis unter dem oberen Schacht auf der Rudolstädter Seite herangeführt wurde. Über dem alten verbrochenen Schacht steht allerdings Wasser, das beim Durchbrechen das gesamte Bergwerk gefährden würde. Über

Namentlich unbekanntes Goldbergwerk im Grubental bei Goldisthal

eine Rinne an der Oberfläche wurde dieses abgeleitet. Der Stollenvortrieb und der Abbau des angetroffenen zwei Meter mächtigen Goldquarzganges erfolgte durch Sprengen unter Einsatz von Schwarzpulver. Alles deutet darauf hin, dass das heutige Grubental zwischen dem Kohlitschberg und dem Goldberg gelegen, das damalige Kohlitzschthal war. Hier konzentrierte sich auch die bergbauliche Tätigkeit des Gebietes mit den größeren Grubenanlagen. Der Name Grubental kann erst dann entstanden sein, nachdem hier viele Grubenanlagen (Bergwerke) das Landschaftsbild des Tales bereits prägten. Die Goldgewinnung wird in den folgenden Jahrzehnten mit wechselndem Erfolg betrieben, um dann weitere Jahrzehnte zu ruhen. Erst 1766 sind Bemühungen nachweisbar, den Goldbergbau wieder zu beleben. 1771 wird am Kohlitschberg und den Bergwerken „Goldenes Glück", „Neues Glück", „Roter Mann" und „Damnitz Hoffnung" nach Gold geschürft. Bereits ein Jahr später, 1772, mussten die Arbeiten jedoch eingestellt werden, da entsprechende finanzielle Mittel fehlten. Eine Wiederaufnahme der bergbaulichen Tätigkeit zur Goldgewinnung erfolgte nicht.

Der Bergbau bei Reichmannsdorf konzentrierte sich im Wesentlichen auf den westlich von Reichmannsdorf liegenden Goldberg. Erste Nachrichten darüber finden sich in einer Urkunde Kaiser Ludwigs IV. aus dem Jahre 1335. In den folgenden Jahrhunderten ist Seifengoldgewinnung in den Fließgewässern zwischen Reichmannsdorf und Meura sowie Duckelbergbau vor allem auf dem Goldberg zu verzeichnen. Drei Berichten des Jahres 1700 ist zu entnehmen, dass am Goldberg der Stollenbau gute Fortschritte macht und dass man mit dem Schacht durchschlägig zu werden hofft. Der Bergbau konzentriert sich auf den Tiefbau, um durch Stollen, Schächte und Gesenke die tiefen Teile der Goldquarzgänge zu erreichen und ausbeuten zu können. Aus weiteren Berichten ergibt sich, dass bereits ein großer Vorrat an Goldquarz angehäuft wurde. Hinweise auf die Standorte und die Namen der Bergwerke fehlen. Wegen der geringen Ausbeute wird von einem weiteren Vordringen in die Tiefe Abstand genommen. Im Frühjahr 1740 übernimmt eine Gräfenthaler Knappschaft das alte Goldbergwerk am Goldberg unter dem Namen „Mit Gebet und Arbeit“. Aus dem Hinweis, dass die Aufschlussarbeiten zunächst im alten mittleren Stollen begannen, ergibt sich, dass die Grubenanlage über weitere Sohlen verfügen muss. Beim Stollenausbau wurde in angetroffenen Quarzgängen der Quarz mit gediegen Gold in Form von Goldflimmerchen und Goldkörnern gewonnen. Am 18. Oktober 1744 teilt das Bergamt Gräfenthal in einem Bericht über die bergbauliche Tätigkeit auf dem Goldbergwerk „Mit Gebet und Arbeit“ folgendes mit:

„Aus dem vorigen Berichte wird zu ersehen gewesen seyn, dass mit dem Seuffen verschiedene Risse am Tage Gehängen die Arbeit continuiret werden solle, weil sowohl die alten Nachrichten als jetzige Erfahrung sattsam an Tage gelegt, dass mit solchen mehrers auszurichten, als wann man mit schweren Kosten die Teuffe verfolgt würde. Dannenhero ist in den folgendten Quartalen Crucis und Luciae am Gehänge des Berges rechter Hand nach dem Schlagethal am Wege, soviel die Witterung zugelaßen, in etlichen Rissen geseuffnet und mit diesen viele Gänge und Trümer so einander durchschneiden, entblöset worden, da dann im Ausgehender derselben verschiedene Stuffen mit gediegenem Golde befindlich

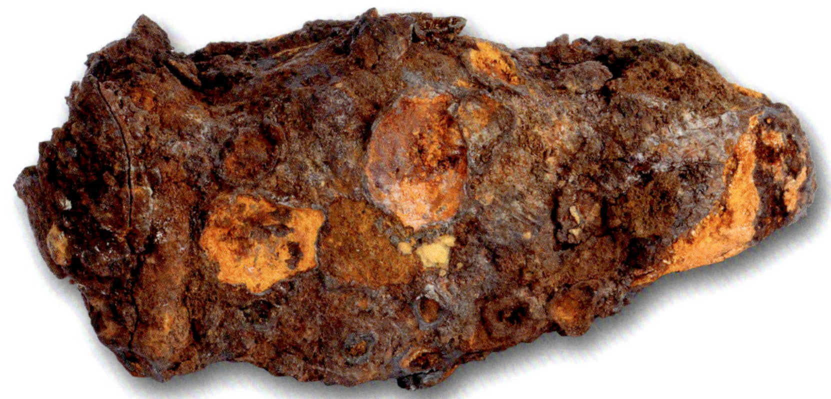

Ca. 500 Jahre altes Bergeisen aus dem Neumannsgrund mit Goldneubildungen

gewesen, welches daher die sichere Hoffnung macht, weil die Quärtze annitzo gewonnen, solche bei künftigen Puchen reichlich Schlich geben werden, besonders weil in dieser Gegend viel frisch und unverwundet Feld, auch das letzte Seuffen weit reichlicher und edler ausgefallen wie das vorige. Auch wird nebst abgedachter Quarzgewinnung etwas weiter unter den letzten Risse ein Schächtgen nur wenige Lachter von Tage wieder abgeteufft, weil um diese Gegend Seine hochfürstl. Durchl. Hertzog Johann Ernst eine Stufe mit eigener hoher Hand weggehauen, darauf gediegen Gold eine Bohne groß und noch größer befindlich geweßen, weil sich nun in diesem Schacht schon feine Drußen zeigen und die Trümer zusammenzufallen scheinen, folglich gute Hoffnung vorhanden, dass wohl in kurtzen ein edler Anbruch sich äußern möchte." (11)
Mit dem Bericht des Jahres 1747 scheint jedoch die Einsicht zu reifen, dass sich der Goldbergbau auf dem Goldberg nicht mehr lohnt. Am Ende des Jahres 1747 ist lediglich noch ein Bergmann tätig. Offensichtlich bestand seine Aufgabe darin, für Goldliebhaber kleine Goldstufen zu gewinnen. Für jedes Stüfchen, das an sich eine Rarität ist, bieten Liebhaber 6 bis 8 Taler. Zu diesem Preis werden sie veräußert, da dieser den Goldwert übersteigt. In den folgenden Jahren fehlte es nicht an Versuchen, weiter Gold bergmännisch zu gewinnen. Ein Erfolg stellte sich jedoch nicht mehr ein.

Ich habe selbst mehrfach die historische Grubenanlage „Mit Gebet und Arbeit“ befahren und untersucht, zuletzt Mitte des Jahres 2012. Nach den vorliegenden Beschreibungen besteht die Zeche aus einem oberen und mittleren und tiefen Stollen. Die Anlage befindet sich im unteren Hangbereich des Goldberges unweit der Straße zwischen Reichmannsdorf und Meura. Befahrbar ist nur der mittlere Stollen, an dessen hinterem Ende sich ein Querstollen mit Weitungen und ein Schacht befinden, in dem Goldquarzgänge abgebaut wurden. Der Querstollen läuft in einem Schacht aus mit Verbindung zur Oberfläche. Der Schacht ist allerdings verbrochen und nicht mehr begehbar. Ob von ihm der Zugang zum unteren und oberen Stollen der Grubenanlage möglich war, ist nicht nachzuweisen. Der gegenwärtige Untersuchungsstand lässt nur die Schlussfolgerung zu, dass der obere und untere Stollen der Zeche „Mit Gebet und Arbeit“ nur von außen her erreichbar ist. Die Zugänge sind allerdings im Gelände nicht erkennbar.

Goldstufe, gefunden am Goldberg bei Reichmannsdorf, Goldansammlung 0,5 Millimeter, stark vergrößert

Das versteckte Gold der Steinheider Kirche

Die nachstehende Sage berichtet von einem Goldversteck zur Zeit des Dreißigjährigen Krieges. Dass ein solches Versteck tatsächlich existiert und noch heute seiner Entdeckung harrt, kann nicht ausgeschlossen werden.

Im 16. Jahrhundert gelangte Steinheid zu Wohlstand. Zum einen waren es die Goldfunde, dieser Zeit und zu Beginn des 16. Jahrhunderts eine heilkräftige Quelle, die im Zentrum des heutigen Ortes entdeckt wurde. Als Marienquelle mit der gleichnamigen Kapelle wurde sie für einige Jahrzehnte zu einem Wallfahrtsort auf den Höhen des Thüringer Waldes. Auch dadurch kam Geld nach Steinheid, so dass man der Sage nach überlegen konnte, wie die Kapelle noch schöner ausgestaltet werden könnte. Man entschied sich dafür, zwölf Apostel für die Kapelle aus Steinheider Gold anfertigen zu lassen, was auch geschah. In der Folgezeit blieben sie gehüteter Besitz der Steinheider Kirche. Eine Gefahr für den Schatz wurde erst der Dreißigjährige Krieg. In seinem Verlauf wurden die Orte auf dem Thüringer Wald mehrfach im Wechsel von kaiserlichen und schwedischen Truppen geplündert und zerstört. Die zwölf goldenen Apostel versteckte man an geheimer Stelle. Diese Stelle aber hat man nach den langen Jahren des Krieges nicht wieder gefunden.

Die Erinnerung an den Goldbergbau sind in Steinheid noch nicht verblasst

Es existieren verschiedene Überlieferungen, wo sich dieser Ort befunden haben könnte. Die einen vermuten das Versteck in einem geheimen Gang unterhalb des heutigen Gasthauses „Hirsch". Andere beziehen sich auf eine alte Ortsangabe, die lautet: *„Die zwölf goldenen Apostel wurden vergraben im Rangen, um 3/43 Uhr nach dem Kompaß vom alten Friedhof aus gerechnet"*. (12) Gefunden wurden sie jedoch bis heute nicht. Auch fragt man in Steinheid jemanden, den man irgendwo beim Graben antrifft, ob er denn nach den zwölf goldenen Aposteln aus der alten Kapelle sucht.

Steinheid lag damals auf der sogenannten „Schiffskuppe" also unterhalb des heutigen Ortes an dessen Flanke zum Neumannsgrund steil abfallend sich der Goldbergbau konzentrierte.

Die erste Kirche soll neben dem alten Friedhof höher als der damalige Ort gelegen haben, der nach dem großen Schadfeuer von 1630 dorthin verlegt wurde, wo sich Steinheid noch heute befindet. Das alte Kirchensiegel zeigt die Jungfrau Maria mit dem Christuskind auf dem Arm von einem Strahlenkranz umgeben. Zu ihren Füßen befinden sich das Bergmannszeichen Schlägel und Eisen, am Siegelrand die Jahreszahl 1531.

Ein Jahr zuvor hatte der Ort, entsprechend seiner Bedeutung als Bergstadt, vom Kurfürsten Johann Markt- und Gerichtsrechte übertragen erhalten.

Über die Ausstattung der ersten Kirche ist kaum etwas bekannt. Sie entstand jedoch in der Zeit, als die Bergstadt noch zum katholischen Glauben stand. Damals war es üblich, Altäre den Aposteln zu weihen und deren Figuren im Chorschiff und dem hohen Altar aufzustellen so wie das auch durch die Altarweihe in der Schalkauer Kirche im Jahre 1520 überliefert ist.

Nach dem Neuen Testament sind alle diejenigen als Apostel zu bezeichnen die ausgesendet wurden, das Evangelium zu verkünden. Im engeren Sinne die zwölf Jünger, welche Jesus aus dem Kreis seiner Anhänger dazu auserwählte.

Die Apostelfiguren, die wohl einst die Kirche von Steinheid zierten, waren wie die anderer Kirchen in Thüringen sicher nicht aus reinem Gold. Anzunehmen ist, dass sie aus Holz geschnitzt oder aus Stein gefertigt und mit einer Oberflächenvergoldung versehen

waren. Die Größe der Figuren kann mit über 100 Zentimeter angenommen werden.
Zur Zeit des Dreißigjährigen Krieges, zwischen 1618 und 1648, der vorrangig auf deutschem Boden ausgetragen wurde, lag die Blütezeit des Steinheider Goldbergbaues bereits Jahrzehnte zurück.

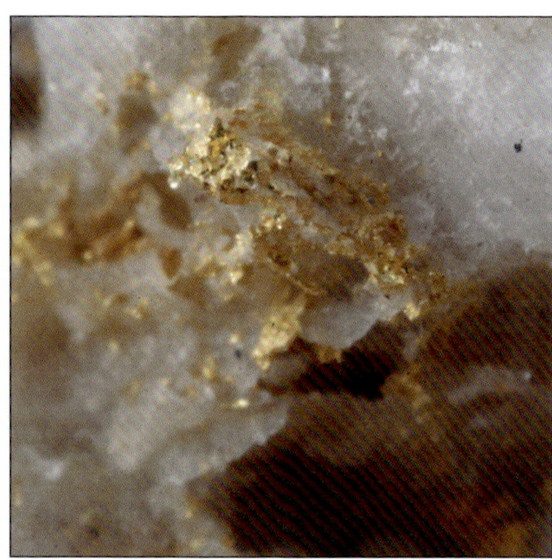

Bei Steinheid im Goldbergbaugebiet gefundenes Berggold in Quarz, Bildbreite ca. zwei Zentimeter

Die noch verbliebenen etwa 500 Einwohner der einstigen Goldgräberstadt, verdienten sich ihr karges Brot mit dem Herstellen von Holzschachteln, Holzkohle, Rußerzeugung, Pechsieden und Holzfällen. Sicher wird es auch Einwohner gegeben haben, die ihr Glück in der Goldgewinnung suchten.
In der ersten Hälfte des 16. Jahrhunderts hatte die Lehre Luthers bereits Einzug gehalten. So wurde auch in Steinheid evangelisch gepredigt. Das kostbare kirchliche Kunstgut aus vorreformatorischer Zeit, wozu sicherlich auch die zwölf Apostelfiguren gehörten, blieb erhalten.
Der Dreißigjährige Krieg fügte den Menschen in Stadt und Land unermessliches Leid zu. Es wurde geraubt, geplündert und getötet. Marodierende Soldaten machten selbst vor Kirchengütern nicht halt. Alles, was irgendwie verwertbar war, wurde geraubt. Menschen ermordete man aus nichtigem Anlass oder weil man eben Lust darauf hatte. Ganze Familien wurden so ausgelöscht. Kaum ein Landstrich, so auch die einstige Goldgräberstadt Steinheid, blieb davon verschont. Leidvolle Erfahrungen machten die Bewohner Steinheids ganz besonders im Jahre 1634.

Die Bewohner hatten jedoch auch gelernt, sich halbwegs zu schützen und gegenseitig Hilfe zu leisten. Im Verlaufe des Krieges gab es ein funktionierendes Nachrichtensystem, das vor herannahenden Soldaten oder Räuberbanden warnte. So gelang es den Bewohnern ländlicher Gebiete nicht selten, sich in vorbereiteten Kellern oder Stollen zu verbergen und Wertsachen, wozu im besonderen Maße sicher auch Kirchenschätze, einschließlich der Glocken gehörten, in Sammeldepots zu verstecken.

Nicht alle Kirchenschätze kamen nach dem Krieg auf ihre angestammten Plätze zurück. Nach ihnen wird noch heute gesucht, soweit Sagen und schriftliche Überlieferungen darauf verweisen. Entsprechend der Bedeutung der Steinheider Kirche jener Zeit und in Anlehnung der Ausstattung anderer Kirchen im Sonneberger Land ist das Vorhandensein von Apostelfiguren als real einzuschätzen.

Um die zwölf Apostelfiguren zu verstecken und diese auch vor Beschädigungen sowie Zugriff zu schützen, bedurfte es eines trockenen Kellerraumes. Dieser musste mit Mauersteinen verschließbar sein und eine Abschlusswand vortäuschen. Ein Bergwerk war wegen der auftretenden Bergfeuchte als Depot ungeeignet. Als Versteck kommen Kellergewölbe infrage, die in der Nähe der alten Kirche lagen und deren Alter in die Zeit des Dreißigjährigen Krieges zurückreicht.

Die exakte Kenntnis der Lage des Verstecks ging wohl verloren, weil die Menschen, die den Kirchenschatz verbargen, entweder Steinheid verlassen hatten oder inzwischen verstorben waren.

Zur Sicherung des Kirchenschatzes war es sicher unerlässlich gewesen, nur ganz wenige Menschen in das Geheimnis einzuweihen. Zu dem Kreis gehörte der Pfarrer der Gemeinde, da eine Verlagerung nur mit dessen Einverständnis möglich war.

Als Notversteck könnte allerdings auch ein in der Nähe liegendes Bergwerk in Betracht kommen.

Kamen nach dem Dreißigjährigen Krieg Bewohner aus Steinheid zu unerklärlichen Wohlstand, wurde hinter vorgehaltener Hand getuschelt, dass diese die goldenen Apostel oder andere versteckte Kirchengüter gefunden und veräußert haben könnten.

Goldquarz, Mühlsteine und Quecksilber

Die Gewinnung, Aufbereitung und Nutzung des Goldes geht weit in die Antike zurück. Der römische Geschichtsschreiber Diodor, der im 1. Jahrhundert vor der Zeitrechnung lebte, beschreibt recht realistisch die Arbeitsmethoden und Lebensbedingungen der Menschen, die unter den Bedingungen der Sklavenhaltergesellschaft das begehrte Gold gewinnen mussten.

Historischer Rest eines Mühl- oder Schlagsteines im Neumannsgrund

„Die Zahl der zu solcher Arbeit Verdammten ist sehr groß, und alle sind an den Füßen gefesselt und müssen unaufhörlich arbeiten, während Soldaten eines barbarischen Stammes, deren Sprache sie nicht verstehen, sie bewachen. Die härtesten Stellen des goldhaltigen Gesteins erhitzen sie zuerst durch viel Feuer, bis es mürbe ist, dann bearbeiten es Tausende mit dem Brecheisen. Die Stärksten unter ihnen zerschlagen das marmorharte Gestein mit eisernen Hämmern und brechen so ganze Stollen den glänzenden Goldadern nach. Mit Laternen an der Stirn arbeiten sie im Dunkeln, von den harten Schlägen der Aufseher angetrieben. Knaben tragen die Steine aus dem Stollen, andere zermahlen in steinernen Mörsern den

Stein mit eisernen Keulen bis zur Größe von Kichererbsen. Von diesen übernehmen ältere Frauen und Männer den Stein und mahlen ihn so fein wie Weizenmehl.
Keiner findet hier Nachsicht keinem wird Erholung gewährt, nicht den Kranken, nicht dem weißen Haar und nicht der Schwäche der Frau. Alle werden vielmehr durch Schläge gezwungen zu arbeiten, bis sie endlich der Qual und dem Elend erliegen. Dort sehnen sich alle nach dem Tod, der ihnen wünschenswerter ist als das Leben.
Nachdem das Gestein fein gemahlen ist, wird auf schrägen Tischen das Gold mit Hilfe von Wasser gewonnen. Die Natur selbst, so scheint mir, will damit deutlich machen, wie das Gold nur mühsam erworben und schwer bewahrt wird und dass sein Gebrauch das Vergnügen nur im Verein mit dem Schmerz gewährt." (13)
Im Verlauf von vielen Jahrhunderten bis in die Neuzeit hinein hatte sich an der Goldgewinnung seit der Antike nicht viel geändert. Allerdings wurde im europäischen Raum die Arbeit nicht mehr von Sklaven verrichtet. Darüber, ob Kriegsgefangene, Häftlinge und Leibeigene zu Goldgewinnungsarbeiten herangezogen wurden, liegen keine verwertbaren Angaben vor. Die Goldseifentätigkeit war nach der Zeitwende an keine bestimmte Berufsgruppe gebunden. Etwa ab dem 10. Jahrhundert kristallisierten sich zunehmend die Berufsstände der Berg- und Hüttenleute heraus, die sich entsprechend den Erzvorkommen in den verschiedenen Abbaugebieten auf die unterschiedliche Gewinnungs- und Verhüttungstechnik einstellten. Die Spezifik der unterschiedlichen Tätigkeiten machte zunehmend Arbeitsteilung erforderlich.
Allerdings verlangte z. B. die Eisenerzaufbereitung im Gegensatz zur Gold-, Silber- und Kupfererzaufbereitung eine völlig andere Technologie und Verhüttungstechnik. Der Bergmann war gezwungen, seine Abbaumethode den vorherrschenden geologischen Verhältnissen anzupassen. Die gesammelten Erfahrungen und die Weitergabe und Vervollkommnung des Wissens führten zu einer gewollten Spezialisierung. Nur so war es möglich, optimale Ergebnisse zu erzielen. Egal ob die Goldgewinnung durch Seifenbetrieb oder bergmännisch erfolgte, die Masse des Fördergutes musste aufbereitet und verhüttet werden, um am Ende verwertbares Gold

Bei Steinheid im Goldbergbaugebiet gefundenes Berggold in Quarz, Bildbreite ca. zwei Zentimeter

zu erhalten. Hier traten eindeutig die größten Schwierigkeiten auf, die letztlich dazu führen konnten, dass z. B. durchaus Erfolg versprechender Bergbaubetrieb durch unbeherrschbaren Hüttenbetrieb eingestellt werden musste. Das trifft auf Steinheid, Goldisthal und Reichmannsdorf gleichermaßen zu.

So mangelte es an ausgereifter Technik der Goldtrennung vom tauben Gestein und anderen Erzen. Außerdem fehlten Fachkräfte, die nach den bergmännischen Gewinnungsarbeiten die weiteren Arbeitsgänge zur Genüge beherrschten. Zu Beginn des 17. Jahrhunderts wurden auch bei Sitzendorf goldhaltige Quarzgänge bergmännisch abgebaut. 1617 wurde dazu ein Pochwerk errichtet. Die vom zuständigen Bergmeister Balzer Zimmermann nachstehend gegebene optimistische Einschätzung der Goldgewinnung hat sich in keinem Fall als zutreffend herausgestellt.

„Die Goldgebäude und Quarze bedürfen nicht viel Schmelzens und Hüttenwergs, sonders es würden solche durch die Buchwerge in Schlich gearbeitet und das Gold durch das quicken herausgezogen. Ob nun gleich etlicher Schlich Gold bey sich behielte und derselbe geschmeltzt werden müsste, so bedürfte man dazu nur ein kleines öflein und was an solchem Schliche ein ganzes Jahr gesamblet würde, könnte in 2 oder 3 Stunden zu

gut gemacht werden. Die rohen Goldquarz könnten nicht wie die andern Erz uff die Proba verkauft, sondern müssten alle durch die Puchwercke in Schlich gearbeitet werden. Wer es damit so weit gebracht hätte, dass die Quarze zu Schlich gezogen worden, der ließe es keinem anderen zukommen, sondern erwarte des glücks selbst.“ (14)

Gold in Quarz, säurebehandelt, gefunden in Steinheid, stark vergrößert

Bereits 1507 und 1569 wird im Goldbergbaugebiet u. a. kritisch eingeschätzt: *„Das dann von allen vor gut angesehenn und sich im waschen gantz vool erczeiget mit golt, aber im anquickenn ist es under denn hennden furschwundenn!*“ (15)

In seinen „Zwölf Büchern vom Berg- und Hüttenwesen“ beschreibt Georg Agricola (1494–1555) u. a. die notwendigen Schritte der Goldgewinnung. Die Veröffentlichung erfolgte ein Jahr nach seinem Tod 1556. Das Siebente Buch behandelt das Probierwesen als notwendige Voraussetzung zur Ermittlung des Metallgehalts. Es unterscheidet sich vom Großverfahren nur durch die Verwendung ganz geringer Mengen des zu verschmelzenden Gutes. Das Verfahren vermittelt, bezogen auf die Goldgewinnung, ob große Mengen des aufbereiteten goldhaltigen Gesteins Gewinn bringt oder nicht. Die Sichtung der historischen Unterlagen lässt nicht erkennen ob das Probierwesen in den Goldgewinnungsgebieten des Schieferge-

Aus: De Re Metallica (Libri XII), Arbeit an der Klaubetafel, eine lange Klaubetafel (A), Tröge (B), Erzfäßchen (C), Frauen und Männer trennen erzhaltiges von tauben Gestein

birges zur Anwendung kam. Im Achten Buch wird die Vorbereitung der Erze für das Schmelzen beschrieben. Agricola führt dazu u. a. aus:

„Erfahrene Bergleute, die das Erz gewinnen, sei es im Schacht oder Stollen, klauben das Erz, und was reich ist, tun sie in Tröge, was gering ist, in Fäßchen. Wenn aber ein Berghäuer nicht bergverständig ist und solches unterlassen hat, oder ein erfahrener genötigt war, es nicht zu tun, so soll dieses Erz, sobald es herausgehauen und aus der Grube gefördert ist, deshalb besehen werden, und es soll die Bergart, die an Erz reich ist, von dem

Teile der kein Erz hat, geklaubt (getrennt) werden. Denn schlechtes Erz mit dem guten zu schmelzen ist schädlich, alle Kosten sind verloren; die Schlacken sind leer und wertlos, weil sie allein aus Erde und Steinen zusammengeschmolzen sind und die festgewordenen Lösungen die Schmelzungen des Erzes verhindern und Schaden bringen. Auch Gestein, das an einem reichen Gange sitzt, soll man abschlagen und waschen, damit dem Erz nichts abgehe. Wenn aber die Berghäuer entweder unerfahren oder unbedachtsam das Erz, während sie es aushauen, mit Erde und Gestein vermengt haben, so klauben nicht alleine Männer das Erz, sondern auch Jungen und Weiber. Dieses Gemisch werfen sie auf eine lange Pochbank. Bei der sie fast einen ganzen Tag sitzen, und klauben das Erz davon. Das Geklaubte sammeln sie in Tröge und dann in die Fässchen welche in die Schmelzhütten geführt werden, wo man das Erz zu schmelzen pflegt.“ (16)

Die Halden des tauben Gesteins aus den Förderstollen und Förderschächten befindet sich in den Bergbaugebieten des Schiefergebirges wie in allen anderen Bergbaugebieten, immer unterhalb derselben. Vor den Stollenmundlöchern der Förderstrecken wurde das taube Gestein vom goldhaltigen Quarz getrennt. Während das Taube oder nicht nutzbare Gestein die Halde vergrößerte wurde das aufgeklaubte goldhaltige Gestein gesondert gelagert und mit Erztrögen oder anderen Behältnissen zu gesicherten Sammelstellen ins Tal gebracht.

Dort erfolgt die weitere Bearbeitung der goldhaltigen Quarze durch sogenannte Erzklauber zumeist angelernte Frauen und Kinder auf einer sogenannten Klaubetafel (großer massiver Tisch) auf dem man das goldhaltige Gestein, für das es Anzeichen gab, von schlechteren Stücken trennte. Bis auf Ausnahmen war das Gold des Schiefergebirges im Quarz nicht direkt sichtbar. Die reichhaltigen Quarze wurden danach von Arbeitern mit schweren Hämmern weiter zerkleinert. Dazu tragen die Arbeiter lange lederne Handschuhe, um die Hände vor Verletzungen zu schützen. Nach einem Waschvorgang erfolgte die Röstung des zerkleinerten Quarzes in einem speziellen Röstofen. So beschreibt es jedenfalls Agricola. Ob der Röstvorgang auch im Goldbergbau des Schiefergebirges durchweg zur Anwendung kam, ist nicht belegbar.

Die goldführende Schwarza mit einer Fallstufe am Kirchfelsen

Mit dem Erhitzen des goldhaltigen Quarzes im Röstofen sollte das Gestein mürbe gemacht und vor allem vom Schwefel und Vitriol, der in Form des Schwefelkieses besonders im Bergbaugebiet von Goldisthal auftrat, befreit werden. Der äußerst giftige Schwefeldampf führte zu Ablagerungen von Schwefel an den Ofeninnenwänden. Besondere Vorrichtungen verhinderten, dass beim Röstvorgang Gold verloren ging. Das durch die Röstung zermürbte Gestein wurde danach im Pochwerk weiter zerkleinert, um schließlich von mit Wasserkraft angetriebenen Mühlrädern zu einer mehlartigen Masse, auch Schlich genannt, verarbeitet zu werden. Unter Einsatz fließenden Wassers wurde der Schlich aufbereitet, um so die tauben Teilchen vom Gold zu trennen. Der goldhaltige Schlich wurde dann mit Quecksilber vermischt und in einem Ofen erhitzt. Man sprach dann vom Anquicken.

Durch die Amalgamation mit Quecksilber wurde reines Gold ausgeschieden. Die Quecksilberdämpfe waren höchst gesundheitsschädlich und für die Umwelt belastend. In den Fließgewässern der Goldbergbaugebiete des Schiefergebirges werden noch heute Quecksilberrückstände gefunden. Aus den historischen Beschreibungen ist zu entnehmen, dass die Hüttenleute der damaligen Zeit sehr große Schwierigkeiten hatten das Anquicken zu beherrschen. Dadurch ging viel Gold verloren. Erhebliche Probleme brachte auch der Einsatz der Mühlsteine mit sich, da diese starken Abnutzungen durch das Zermahlen des Goldquarzes unterlagen. Das traf vor allem auf das Bergbaugebiet von Steinheid zu. Die Mühlsteine waren sehr teuer und mussten über weite Strecken mit speziellen Fuhrwerken herangeschafft werden. Gute Ergebnisse erreichte man mit Mühlsteinen aus Crawinkel. Aus den Darlegungen wird ersichtlich, dass die Goldgewinnung mit vielen Schwierigkeiten verbunden war. Die Goldaufbereitung nach den bergmännischen Gewinnungsarbeiten entschied letztlich über Erfolg und Misserfolg der Ausbeute.

Die Goldmacher

Ein uraltes Mysterium begleitet das Gold seit seiner Entdeckung durch die Jahrtausende auf der Suche nach dem Wesen oder Geist dieses unzerstörbaren Edelmetalls. „Fleisch der Götter" und „König der Metalle" wurde es genannt, seit es in Körnern gesammelt durch Bearbeitung mittels Hämmern, Schmelzen oder Gießen für die Menschen nutzbar gemacht wurde.

Ein Feuersalamander im Neumannsgrund – die Alchemisten hofften aus ihm Gold gewinnen zu können

Ebenso alt ist das Bestreben, das vorhandene Gold auf wundersame Weise zu vermehren oder es aus anderen Stoffen herzustellen. So entwickelte sich die Alchemie, in der Zauberei und Magie eine wesentliche Rolle spielte, aber auch das Bemühen bestimmte Vorgänge in der Natur zu begreifen. Die Alchemie wurde jedoch auch zum Tummelfeld von Glücksrittern, Scharlatanen und Betrügern, die die Gier der Mensch auf Reichtum und deren Gutgläubigkeit schamlos ausnutzten.
Einen starken Aufschwung nimmt die Alchemie mit dem Beginn der Renaissance. Es war der berühmte Arzt Paracelsus von Hohenheim, der neben dem Goldmachen und der Herstellung des „Steines der Weisen" als dritte Aufgabe die Erzeugung des chemischen

Menschen (Homunculus) sah. Unter dem Einfluss von Paracelsus und der Paracelsisten kristallisierte sich jedoch auch langsam die exakte Wissenschaft der Chemie heraus.

Im 16. Jahrhundert greift jedoch die Wahnvorstellung um sich, dem Geldmangel durch alchemistische Goldherstellung abhelfen zu können. Jeder Fürstenhof und jedes Kloster hatte seine Alchimisten. Der Kaiser selbst hielt sich einen Leibalchimisten. Viele Fürsten versprachen sich vom Wirken ihrer Alchimisten Gold und ewige Jugend. Sie gaben dafür Unsummen aus.

Bereits Martin Luther hatte erkannt, dass es in der Alchemie nicht so ganz mit rechten Dingen zugeht. Daher auch sein Spruch: *„Hüte dich für der Alchimisten Süple"*. (17)

Im 15. Jahrhundert war Erfurt in Thüringen ein Zentrum der Alchemie, die hier besonders hinter Klostermauern im Schutze der Kirche betrieben wurde. Im Benediktinerkloster zu Sankt Peter in Erfurt arbeitete im Jahre 1413 der junge Benediktinermönch Basilius Valentinus.

Schriftstücke jener Zeit belegen, dass er über hervorragende Kenntnisse in der Arzneikunst und der Naturforschung verfügte. Gelehrte und Naturwissenschaftler jener Zeit verschrieben sich nicht selten der Alchemie was auch auf Valentinus zutrifft.

Ein auf Pergament verfasstes Manuskript aus dem Jahre 1498 enthält alchemistische Rezepturen und versieht den Mönch mit dem Beinamen Großer Basilius Valentinus. Er hat mehrere Schriften verfasst, die erst nach seinem Tod veröffentlicht werden und Dispute über ihre Echtheit auslösen.

In seinem Meisterwerk über das Antimon ist zu lesen, dass er mehrere Länder bereiste habe, um sein Wissen zu erweitern.

Dem Schüler und Zeitgenossen des Basilius Valentinus, dem Benediktinermönch Marcarius, der um das Jahr 1440 im Kloster zu Sankt Peter in Erfurt wirkte und sich mit Alchemie befasste, verdanken wir eine Handschrift mit der Beschreibung des Feuersteines, einer Tinktur die aus Antimon bereitet wird und die die Kraft haben sollte, Silber in Gold zu verwandeln. 1518 wird in Erfurt ein Buch gedruckt, dass das alchemistische Wissen jener Zeit zusammenfasst und das die zwölf geheimen Schlüssel des Basilius Valen-

Das ehemalige Benediktinerkloster St. Peter in Erfurt war seinerzeit ein Zentrum der Alchemie, heute beherbergt es ein Museum für Konkrete Kunst

tinus enthält. Danach ist für die Alchimisten (oder Adepten) das Gold „der König der Metalle“ und wird der Sonne gleichgesetzt. Quecksilber hingegen hat im Zusammenhang mit der Goldgewinnung eine besondere Bedeutung nicht nur für die Alchemisten. Wen wundert es, dass in Steinheid und anderen Goldgewinnungsorten des 16. Jahrhunderts, der Goldbergbau stand zu dieser Zeit in voller Blüte, während die Goldaufbereitung Schwierigkeiten bereitete, sogenannte „Goldkünstler“ auftraten, die eine wesentliche Steigerung der Goldausbeute versprachen.
Im Jahre 1530 war Steinheid zur „Freien Bergstadt“ erhoben worden, mit allen sich daraus ergebenden Rechten und Pflichten. Der Erlass des Kurfürsten, der in 80 Exemplaren gedruckt und von allem in anderen Bergstädten verbreitet wurde, lockte viele fremde Bergleute, aber auch Scharlatane an. Letztere gaben vor, über Erfahrungen und besondere Kenntnisse in der Goldaufbereitung zu verfügen. Den Reigen in Steinheid eröffnete ein Wolff Kühn

aus Schleiz der vorgibt, das Problem jener Zeit zu beherrschen, nämlich neben dem sichtbaren Gold, das an Eisenstein und Quarz gebundene, für das menschliche Auge unsichtbare Gold aus dem Gestein absondern zu können. Auf seine Anweisung hin wird unter Einsatz erheblicher Kosten 1533 neben dem Fürstenstollen ein Pochwerk errichtet. Ferner kam es zur Anlegung eines neuen Zufahrtweges vom Neumannsgrund nach Steinheid. Am 26. August 1533 stellten sächsische Bergbeamte fest, dass der Bergbau zwar floriere, die zwei gangbaren Pochwerke jedoch die in sie gesetzten Erwartungen nicht erfüllen.

Eine exakte Untersuchung des vom „Kühnischen Pochwerk" aufbereiteten Materials fasst der Sachverständige Paul Schmidt aus Schneeberg am 6. September 1533 in einer schriftlichen Stellungnahme wie folgt zusammen: *„Ich hab von Neuen Puchwergk vf der heide dreyerley mit mir genommen und probieren lassen. Erstlich von dem mehl von den quartzen, wie man sie vom Rost vor das puchwergk lauffen lässt ungesichert – finde nichz. Zum andern, den Schlich, der von der plan wegkgehet, helt auch nichz. Zum dritten von dem Schlich, der in krumpe neune genant wirt, da der Kühn mich berichtet, solt 1 Centner 3 lot golt halden, helt auch nichz."* (18)

Der Sachverständige erklärt schließlich nach eingehender Untersuchung und Prüfung das Kühnische System der Goldgewinnung für undurchführbar.

Noch nicht einmal ein Jahr später trafen Sigmund Treibenreiff und Andreas Schultz aus Kempten stammend in Steinheid ein und versprachen, durch neue geheimnisvolle Aufbereitungen des geförderten Quarzes die Ausbeute um das Zehnfache zu steigern und für 1000 Berggesellen Arbeit zu schaffen. Trotz aller Warnungen wurden ihre Forderungen nach Vorschüssen beträchtlicher Geldbeträge und der Errichtung von zwei Pochwerken, von Röstöfen sowie die Bereitstellung größerer Mengen Quarzes und einem Gebäude für die Durchführung ihrer Versuche erfüllt.

Vermutlich bestand das „Geheimnis" ihrer Arbeit darin, dass sie den Schlich aus geröstetem und feingemahlenem Quarz „beizten", d. h. mit Laugen behandelten und mit Quecksilber „anquickten".

Im Sommer 1534 lag ein großer Vorrat an Goldquarzen bereit,

gefördert aus den Bergwerken „Reiche St. Anna!“, „Schiff“, „St. Niclas“, St. Johans“, „Güldenstern“, „Gottesgabe“, „Elftausend Jungfrauen“, „Zottiger Heinz“, „Sonne“, „Güldenkamp“, „Güldener Falke“ und „ Heilige drei Könige“.

Besonders Alchimisten konnten sich der Kraft des Goldes nicht entziehen

Im Frühjahr 1535 war offensichtlich geworden, dass die Aufbereitungsmethoden von Treibenreiff und Schultz praktisch nicht durchführbar sind. Trotz wesentlich höherer Aufbereitungskosten war der bisher mit einfachen Methoden gewonnene Ertrag an Gold höher. So wird die Goldgewinnung schließlich wieder nach der alten Methode betrieben.

Es ist nicht überliefert, was aus den beiden Goldkünstlern geworden ist. Eigentlich hätte man durch den eingetretenen Schaden gewarnt sein müssen. Aber wieder fiel man 20 Jahre später, nämlich 1564, auf einen Betrüger namens Valentin Rommel herein, der sich später als Schneider aus Vacha in der Rhön entpuppte. Auf Grund der Empfehlungen, die er vorwies und die offenbar gefälscht waren, sowie seiner großartigen Versprechungen wurde eine neue

Schmelzhütte für die damals riesige Summe von über 1035 Gulden errichtet. Außerdem erhielt er einen nicht unbeträchtlichen Vorschuss. Erst nach der Fertigstellung der Anlage stellt sich heraus, dass sie nicht funktionieren konnte und man einem Schwindler und Hochstapler auf den Leim gegangen war.

Dem Bergbau in Steinheid wurde durch diese Betrugshandlung erneut ein sehr hoher materieller Schaden zugefügt, der den Niedergang des Steinheider Goldbergbaues wesentlich begünstigt hat. Auch der Goldisthaler Bergbaubetrieb blieb von Betrügereien nicht verschont. Der fürstliche Geheimrat Freiherr von Metternich schildert in einem Bericht am 19. Oktober 1730 dem Fürsten gegenüber wie hoch die Kosten der Goldgewinnung und wie niedrig die Ergebnisse in den Jahren 1724 bis 1730 waren. Die Ursachen schildert er u. a. wie folgt:

„Es ist auch zu erachten, dass wir die gemachte Schliche alle zu dem großen Schmeltzen ausbehalten, bey demselben aber alles darinn befindliche Gold in die Lufft gejagt und wir nichts als ein wenig Blei, so ein bisgen silberhaltig gewesen, daraus bekommen, wie Ihro Fürstl Durchlauchten beyderseits davon hohe Augenzeugen gewesen.“ …

„Nach der Zeit haben wir zwey gantz neue Stollen treiben und den alten tieffen Stollen um etliche Lachter verlängern, auch dieses Jahr nicht allein einen neuen Schacht auf dem „Roten Manne“ niedersencken, sondern auch ein neues Pochwerck allso bauen laßen, damit die arme Bergleute den gantzen Winter durch pochen, waschen und verquicken können. Indessen hat man anno 1728 wieder angefangen, das Verquicken zur Hand zu nehmen und das in denen sehr armen Ertzen befindl. Gold auf diese Art zu gute zu machen; daraus aber bishierher laut beyliegender Specification nicht mehr als 58 Loth unreines Gold bekommen, wovon 1/3 Unreinigkeiten bey der finirung weggeganen und so mehr nicht als 382/3 Loth oder 2 Mark 62/3 Loth fein Gold verblieben. Das Loth zu 11 Thaler gerechnet, thut 425 Thaler 8 gr., die ganze Einnahme seit den verflossenen 3 Freyjahren.“ (19)

Der Geheimrat bittet den Fürsten schließlich um Nachsicht wegen der noch nicht bezahlten Abgaben, die er wie folgt begründet:

„bey unserer damahligen Unerfahrenheit in Bergwercks-Sachen durch die zwey Großsprechen, den Betcken und Gottschalcken, deren erster von

nichts als GoldenenTaffeln, der andere aber vemittelst seines gerühmten artificii und besondere Wissenschafft, den flüchtiges Gold-Schweffel zu figiren, von 20.000 Thaler zum wenigsten aus dem ersten Schmeltzen gesprochen, lediglich verführt und in dieses Werck engagite. Da aber die Figirungs-Wißenschafft auf eine Bloße Jmagination hinausgelauffen, mithin wir durch ihren Betrug in großen Schaden gesetzt sind, gleichwohl aber nicht nachgelassen haben, das Werk fortzuführen, allso, dass wir nunmehr hoffen, nicht allein ungehindert fortbauen und mehrere Berg-Leuthe künftig Früh-Jahr anlegen zu können, sondern auch den Frey-Bau zu erlangen, wofern die Anbrüche allso, wie sie jetzo sind verbleiben.“ (20)

Titelblatt der Schrift „Probir Büchlin”, Worms 1518

Sicher hat die Gutgläubigkeit, der stark im Aberglauben behafteten Waldbewohner das negative Ergebnis gefördert. Scharlatane und Betrüger fanden eben zu jeder Zeit willige Opfer. Nicht vergleichbar mit diesen waren die Alchimisten wie zum Beispiel Basilius Valentinus der unter Ausnutzung des profunden Wissens jener Zeit an das Ergebnis seiner Arbeit glaubte. Schließlich war es der forschende Mönch und Alchimist Berthold, dessen Experimente zur Entdeckung des Schwarzpulvers führte, das nicht nur die Kriegstechnik revolutionierte, sondern auch die gefährliche Feuersetzung in den Bergwerken durch

Sprengtechnik ersetzte. Auch das Porzellan entstand schließlich als Nebenprodukt bei der Suche nach künstlichem Gold.
Der Bergmeister Burkhardt Beck, dem zwischen 1536 und 1543 der Bergbau in Steinheid unterstand, schätzte rückblickend ein: *„das meiste Geldt als vor kunst und in die künste gewendet aber der geringste theil sey uffs Berckwerk, uff die Berggebende gewandt worden.“* (21)

Antimonglanz mit gediegenem Gold aus Hondol b. Boica / Ungarn, Stufengröße ca. vier Zentimeter

Auch wenn rückblickend eingeschätzt werden muss, dass betrügerische Goldkünstler dem Goldbergbau erheblichen Schaden zugefügt haben, gehören diese zum historischen Teil der Goldgeschichte des Thüringer Schiefergebirges ebenso wie die Alchimisten des Benediktinerklosters in Erfurt.
Bis 1819 existierte mit der „Hermetischen Gesellschaft“ in Deutschland noch eine alchimistische Gruppierung. Ihr Ziel war die Suche nach dem „Stein der Weisen“, der sie in die Lage versetzen sollte Gold herzustellen. Wie es nicht anders sein konnte, scheiterten diese Bemühungen jedoch.

Gediegenes Gold, Goldpreziosen, Goldmünzen und ein Goldpokal

Das Gold des Thüringer Schiefergebirges hat über Jahrhunderte hinweg die Menschen fasziniert und für einen Mythos gesorgt. Generationen von Goldsuchern sind seinen Spuren gefolgt und haben unter unsäglichen Mühen und Strapazen auf den Goldfund ihres Lebens gehofft. Erzählungen und Geschichten von sagenhaften Goldfunden in den Flussgewässern und Bergwerken des Schiefergebirges haben die Sehnsucht der Menschen nach einem besseren Leben angestachelt. So wird von einem riesigen Goldklumpen berichtet, der auf dem Goldberg bei Reichmannsdorf gefunden wurde. Reichmannsdorf, so erzählen Geschichten, soll seinen Ortsnamen nach dem Reichtum an Gold erhalten haben. Eine Vielzahl sagenhafter Goldgeschichten ist im Umlauf, die allerdings alle jenseits jeglicher Realität liegen dürften. Belegt und nachgewiesen ist allerdings, dass in den Bach- und Flusssedimenten des Schiefergebirges ansehnliche Mengen an Seifengold gewonnen wurden und zwar über einen Zeitraum von wahrscheinlich mehreren Jahrhunderten hinweg. Zwangsläufig erhebt sich hier die Frage, was ist mit dem Gold geschehen? Wozu dienten die Goldmengen? Während der Goldbergbau am kaiserlichen Vorrecht gebunden war und der Territorialadel den Abbau reglementiert und überwacht hat, durfte das Goldseifen in Bächen und Flüssen jedermann betreiben. Die große Anzahl von Goldwäschern machten allerdings auch hier Regelungen erforderlich, die wohl darin bestanden, sogenannte Claims abzustecken und die Einhaltung der Grenzen und die Goldgewinnung insgesamt zu überwachen. Es wäre jedoch falsch, Regelungen, die zur Zeit des Goldrausches in Canada, Alaska oder Amerika an der

Einer der Ausbeutedukaten von Reichmannsdorf

Tagesordnung waren, auf die mittelalterliche Goldseifentätigkeit im Schiefergebirge zu übertragen. Ob und in welcher Größenordung die Goldwäscher den Grundeigentümern gegenüber zahlungs- oder abgabeverpflichtet waren, ist für den mittelalterlichen Seifenbetrieb nicht belegt. In jeder Zeit wurde innerhalb Europas getauscht oder in Silber gezahlt. Die positive wirtschaftliche Entwicklung führte u. a. im 13. Jahrhundert zur Einrichtung von Goldwährungen, der Florin in Florenz und der Dukaten in Venedig sind Beispiele dafür. Durch die Handelsbeziehungen wanderte das Gold von Süden nach Osten, um schließlich wieder nach Europa zu gelangen. Die Seifengoldgewinnung und der Goldbergbau in Thüringer Schiefergebirge haben die Bilanz verwertbaren Goldes sicher positiv beeinflusst.

Die Frage nach der Menge des gewonnenen Goldes wurde in den speziellen Kapiteln des Buches versucht zu beantworten. Gold unterlag, von vergrabenen Schätzen einmal abgesehen, der Einschmelzung und Wiederaufbereitung. Es ist nicht auszuschließen, dass sich heute selbst noch Anteile des Pharaonengoldes in anderer Goldgestalt im Umlauf befinden. Im Hochmittelalter, das etwa 911 nach der Zeitwende begann und bis zum Tode Kaiser Friedrichs II. 1250 dauerte, war im Schiefergebirge der Höhepunkt des Goldseifens bereits überschritten, während der Goldbergbau begann. Es kann wohl davon ausgegangen werden, dass Gold in unterschiedlicher Verarbeitung für kirchliche Zwecke verwendet wurde. In den Kirchbauten jener Zeit wurde viel Gold verarbeitet. Gold gehörte zur Lichtmetaphysik des Mittelalters, weil das Licht als Symbol Gottes und Christi angesehen wurde. Künstler und Handwerker benötigen Gold für ihre Kunstwerke, um z. B. Oberflächenverziehrungen zur Geltung zu bringen. Aber auch das aufstrebende und selbstbewusste Bürgertum der Städte verlangte nach Gold, um Macht und Reichtum zu dokumentieren. Goldpreziosen, vergoldetes Silber und Schmuck sind Belege einer veränderten Kultur- und Sozialgeschichte wie sie auch durch den gesondert beschriebenen Erfurter Schatzfund deutlich wird. Erst Berichte, Aufzeichnungen und Abrechnungen zum Teil ab dem 16. Jahrhundert angefertigt, um gegenüber den Territorialherren den Nachweis der Goldgewinnung zu belegen und zu dokumentieren, gewähren einen gewissen Einblick in den Verbleib des Goldes. Für die Bergbaugebiete von Steinheid, Goldisthal und Reichmannsdorf ist belegt, dass eine Vielzahl von Quarzstufen mit gut sichtbaren Gold gesondert gesammelt, abgeliefert aber auch veräußert wurde. Die im 17. Jahrhundert aufkommende Sammelleidenschaft an den Höfen der Fürsten und Herzöge hat die Raritätensammlungen sicher um so manchen Goldfund des Thüringer Schiefergebirges bereichert.

Aus einem Bericht des Bergamtes Gräfenthal vom 9. Juli 1744 ist u. a. bezogen auf die Goldseifentätigkeit und den Goldbergbau bei Reichmannsdorf zu entnehmen:

„Auch wird nebst angedachter Quarzgewinnung etwa weiter unter dem letzten Risse ein Schächtgen nur wenige Lachter von Tage wieder abgeteufft, weil um diese Gegend Seine hochfürstl. Durchl. Herzog Johann Ernst eine Stufe mit eigener hoher Hand weggehauen, darauf gediegen Gold eine Bohne groß und noch größer befindlich geweßen, weil sich nun in diesem Schacht schon feine Drußen zeigen und die Trümer zusammenzufallen scheinen, folglich gute Hoffnung vorhanden, dass wohl in kurtzen ein edler Anbruch sich äußern möchte." (22)

Am Ende des Quartals Crucis 1746 gibt das Bergamt den Gewerken weiter bekannt:

„Auch ist auf Verlangen vieler Gewerke der vorrätig gewesene Seuffenschlich nebst gediegenen Gold Körnern zu Gute gemacht und davon 45/16 Loth Gold erhalten worden (beträgt an die 18 Dukaten). Die Stuffen aber sind taxiret und nummeriert und können auf Verlangen entweder zu gute gemacht oder, welches besser, an Liebhaber der Stuffen, Cabinette verkaufft werden. Sie sind zum Zugutmachen fast schade, sondern geben im Stuffe Cabinet eine recht Rarität ab, könnten auch weit höher auf solche Art an Mann gebracht werden, als sie würcklich Gold halten, inmaßen sie wenigstens auf die 9 biß 10 Thaler taxiret worden. Es ist dieser obgleich geringe Goldvorrath ein richtiger Beweis, daß man gleichwohl nicht im tauben Gebirge stecke". (23)

Der *„Historisch-mineralogischen Beschreibung der Gegend um Jena nebst Hypothesen, durch was vor Veränderungen unseres Erdbodens diese Gegend ihre gegenwärtige Gestalt bekommen haben möchte"*, des

Fr. Chr. Schmidt, erschienen 1779 in Gotha, ist u. a. zu entnehmen, dass die Witwe des Hofrates Struvens Gold aus der Saale hat waschen lassen und das Waschgold zu einem guten Preis an Kabinette und Liebhaber verkauft hat. Außerdem hat vorgenannte Dame der Kirche ein Oblaten-Schächtelchen gestiftet. In dessen Deckel ist eine runde Goldplatte eingelassen, einen halben Taler groß von der Dicke eines starken Messerrückens. Auf dem Deckel befindet sich die eingeschnittene Inschrift: *„Durch Gottes Segen hat Susanna Struvin G. Berlichin dieses Gold aus der Saale waschen lassen“*, Im Innern des Deckels lautet die Inschrift: *„Gott allein die Ehre, Anno 1687“*.

Ferner ist der Beschreibung zu entnehmen, dass mancherlei Überbleibsel des gewonnenen Goldes, roh in Körnern und Staub, Liebhaber der Naturgeschichte besitzen und dass diese in verschiedenen Museen aufbewahrt werden. Eine besondere Rarität seien Goldkörner, die in Karpfenköpfen und Gänsemagen gefunden wurden.

Das Goldkörbchen wurde aus Schwarzagold gefertigt

Bei der Prüfung und Überarbeitung der geologisch mineralogischen Sammlungen des Naturhistorischen Museums der Staatlichen Museen Heidecksburg Rudolstadt stieß man auf die historischen Goldfunde, die in einer gesonderten naturhistorischen Schrift 1990 von Herrn Dr. Eberhard Mey und Herr Dr. Wolfgang Kühn beschrieben wurden, um hier nur einige zu nennen: *Gewaschen Gold aus der Saale / Goldsand aus der Schwarza / Messinggelbes gediegen Gold: in eisenschüssigen Quarz eingesprengt. Von Reichmannsdorf im Meiningischen. / Goldgelbes gediegen Gold: eingesprengt in eisenschüssigen Quarz. Von Reichmannsdorf im Meiningischen. / Quarze, mit dazwischen liegenden Thonschieferplättchen. Diese kleine Stufe ist zwischen Schwarzburg und Sitzendorf, bei*

Gelegenheit des Wehrbaues, im Schwarzaflusse gefunden worden. / Goldgelbes gediegen Gold: auf eisenschüssigen Quarz; in dem Magen einer Gans aus Schwarza gefunden. zwei St. Goldgelbes gediegen Gold: als Goldfund, aus der Schwarza / Goldgelbes gediegen Gold: zu einem Körbchen gearbeitet, mit einer daran befindlichen Kette und rohen Goldstufe. Aus der Schwarza. Von besonderem Interesse ist die letztbezeichnete Position des Goldkörbchens, das als Replik wohl in keinem Goldmuseum in Thüringen fehlt. Es trägt die historische Katalognummer 21 von 1861 und ist aus den Goldfunden der Schwarza gefertigt worden. Die Masse des gesamten Kolliers beträgt 23,267 Gramm massiven Goldes. Alle Anhänger-Kettchenglieder bestehen aus hochkarätigem Gold. In das Körbchen sind sieben Nuggets unterschiedlicher Größe eingefasst. Die Länge des gesamten Kolliers, beträgt 64 mm. Das Körbchen ist von oben, etwa in der Medianen (inkl. der drei etwas über den Körbchenrand ragenden Stücken) max. 9,5 mm dick und einschließlich der seitlichen Ringhalterungen max. 24,3 mm breit. Der Körbchenboden, im Querschnitt einem schmalen Kreissegment entsprechend, misst in der Breite 13,3 mm, in der Mitte 4,2 mm. Der große allseitig abgerundete anhängende Nugget ist max. 17,7 mm lang, max. 15,3 mm breit und in der oberen Hälfte max. 3,9 mm tief.“ Auf der Rückseite zeigt das Körbchen den älteren Schwarzburger Wappenschild mit dem Löwen im Mittelfeld, dem Arnstädter Adler und die Sondershäuser Hirschstangen diagonal in den vier Außenfeldern, die durch das sogenannte Viergrafenkreuz getrennt sind. Beiderseits des Wappens steht die Jahreszeit 1576, die Buchstaben AGZS darüber verweisen auf den (wahrscheinlich) ersten Träger des schönen Schmuckes „Albrecht Graf zu Schwarzburg“. (24)

Extravaganter Schmuck für den Schwarzburger Grafen – die Rückseite des Goldkörbchens

Das Goldbergbaugebiet von Steinheid, um das sich der Herzog Ernst Ludwig des I. von Sachsen-Meiningen besonders bemühte, hatte dieser bereits in seinen Machtbereich einbezogen, ohne den Schiedsspruch des Kaisers 1735 zur territorialen Zuständigkeit abzuwarten. In Vorbereitung auf die Herstellung von Golddukaten ließ er bereits einen Dukatenstempel schneiden, auf dem aber aus politischen Gründen sein Name fehlte. Dieser Stempel der sich in der Meininger Münzensammlung befand, ist am Ende des Krieges 1945 verschwunden. Lediglich der Probeschlag aus Zinn mit der ausdrücklichen Erwähnung Steinheids befindet sich im Münzkabinett von Gotha. Auch der Landesherr Fürst Günther XLIII. von Sondershausen, der sich aus seinem Territorium das Vorkaufsrecht für das Gold aus den Bergwerken von Goldisthal gesichert hatte, ließ trotz der geringen Ausbeute 1737 Ausbeutedukaten aus dem Gold der Bergwerke prägen. Zur Höhe der Auflage der in nur geringer Zahl geprägten Ausbeutedukaten fehlen entsprechende Angaben. Die Dukaten sind nachweisbar eine sondershäuser Prägung, obwohl das Gebiet von den schwarzburgischen Linien insgesamt verwaltet wurde, die Goldbergwerke jedoch auf sondershäuser Territorium lagen. Während die Vorderseite der Dukaten das geschweifte Wappenschild mit dem kaiserlichen Doppeladler, den die Fürsten von Schwarzburg seit der Verleihung der Reichsfürstenwürde 1697 im Wappen führen, zeigt, beinhaltet der Schriftzug der Rückseite die Eintragung: „Durch Gottes Gnade, die Erstlinge des in Goldisthal geförderten Schwarzburgischen Goldes“. Der Dukaten hat einen Durchmesser von 23 Millimetern und besteht aus 3,41 Gramm Münzgold. Ein Exemplar des Ausbeutedukatens wird im Thüringer Landesmuseum Heidecksburg aufbewahrt.

Ein Goldisthaler Ausbeutedukaten von 1738

Im Jahre 1699 ließ Herzog Ernst von Sachsen-Saalfeld den am Boden liegenden Goldbergbau bei Reichmannsdorf durch seinen

Berghauptmann von Bielen wieder aufnehmen. Der Bergbau konzentrierte sich hier auf die oberflächennahe Goldanreicherungszone des Goldberges. Die Unkosten der Goldvermünzung und der Prägung lagen im Durchschnitt um ein mehrfaches über dem Wert der Dukaten selbst. Die Reichmannsdorfer Dukaten wurden in der Saalfelder Münzenstätte geprägt. Aus einer Abrechnung des Münzmeisters Johann Michael Edler von 1721 bis 1723 ergibt sich, dass vom gewonnenen Gold 737 Golddukaten geprägt wurden. Es wird als recht unwahrscheinlich angesehen, dass die Münzen nur aus dem Gold von Reichmannsdorf bestanden. Vielmehr ist davon auszugehen, dass der Herzog noch anderes Gold zur Prägung hinzugefügt hat. Ausbeutedukaten wurden 1717, 1719, 1721/22, 1726, 1727, 1728 und 1766 geprägt. Während die Vorderseiten der Münzen bis zum Ausbeutedukaten von 1728 jeweils das Brustbild des Herzogs Johann Ernst von Sachsen-Saalfeld (1680–1729) mit den Wappen der Herzogtümer zeigen, beinhaltet die Rückseite die Ansicht von Reichmannsdorf mit der Hügellandschaft und dem von der Sonne beschienenen Goldberg im Hintergrund. Im Vordergrund ist ein Bergmann bzw. Haspelknecht zu sehen. Die Rückseite der Dukaten zeigt gewisse Abweichungen in der bildlichen Darstellung, wobei jedoch die Ansicht des Ortes Reichmannsdorf mit dem Bergmann dominiert.

Der Goldpokal im Museum der Bertholdsburg ist ein Replik des verschollenen Pokals, den der Schwarzburger Fürst Christian Wilhelm 1719 anfertigen ließ

Der Ausbeutedukaten von 1766 hingegen enthält auf der Vorderseite das Brustbild von Herzog Ernst Friedrich (1764–1800), Sohn des Herzogs Franz Josias und dessen Gemahlin Anna Sophia. Das geharnischte Brustbild ist mit einem breiten Ordensband versehen. Die Rückseite zeigt wie bei allen anderen Münzen die Ansicht von Reichmannsdorf, mit der Hügelkette in anderer Gestaltung sowie einem Haspelknecht bei der Arbeit.

Von dem in den Jahren zwischen 1706 und 1717 mit sehr hohen Kosten bei Goldisthal gewonnenen Gold ließ der Schwarzburger Fürst Christian Wilhelm im Jahre 1719 zum Andenken an den Goldbergbau seines Territoriums einen 35 Zentimeter hohen Goldpokal anfertigen, der fortan in der fürstlichen Silberkammer des Schlosses Sondershausen aufbewahrt wurde. Die Deckelinschrift lautet: Aus dem Gold, „welches der vaterländische Boden zu Kolitzschtal geliefert hat.“

Der über 200 Jahre im Schloss Sondershausen verwahrte Goldpokal gilt seit 1945 als verschollen. Eine Nachbildung, die 1989/1990 auf der Grundlage historischer Fotos angefertigte wurde, befindet sich in der Goldausstellung des Naturhistorischen Museums Schloss Bertholdsburg Schleusingen.

Die Reichmannsdorfer Goldbergbau-Aktie von 1923

Bereits Ende des 19. Jahrhunderts gab es Bemühungen, die Goldgewinnung bei Reichmannsdorf wieder zu beleben. In diesem Zusammenhang werden die dort befindlichen historischen Grubenanlagen „Mit Gebet und Arbeit“, „Max“ und „Hermann“ genannt.

Grubenzugang „Mit Gebet und Arbeit“ am Goldberg bei Reichmannsdorf

Aus einem internen Schriftstück der Reichmannsdorfer Goldbergbau-Aktiengesellschaft zu Hannover, Werk Reichmannsdorf, Kreis Saalfeld ist zu entnehmen, dass die Gewinnungsarbeiten im Bereich der vorgenannten Bergwerke betrieben werden sollen. Die hier vorkommenden gold- und silberhaltigen Quarze werden als Gegenstand des Abbaues bezeichnet. Der Bergwerksbesitz der Aktiengesellschaft wird mit einer Fläche von ca. 6,6 Quadratkilometer angegeben. Aus einem Schacht der nicht näher bezeichnet ist, wurde Quarzgestein gefördert, das dann im Labor des Berliner Chemikers Görz untersucht wurde. Dieser will einen hohen Gold- und Silbergehalt festegestellt haben. Daraus errechnet er einen Metallwert von 250 Mark pro Tonne. Zur Deckung der gesamten Kosten der Förderung werden 8 Gramm Gold pro Tonne bereits als ausreichend angesehen. Als Grundkapital stand der Aktiengesellschaft ein Betrag von 230 Millionen Mark zur Verfügung. In der Braunschweiger Landeszeitung vom 4. November 1923 ist, bezogen auf den Goldbergbau in Thüringen, folgendes zu lesen:

„Aus Thüringen.

Nicht nur durch seine politischen Experimente, die allerdings nichts weniger als erfreulich und wirtschaftsfördernd betrachtet werden können, macht Thüringen jetzt von sich reden, sondern auch durch die Nachricht, dass man dort die Goldgewinnung wieder aufnehmen will. Wenn auch nicht zu erwarten ist, dass Thüringen nun ein deutsches Kalifornien wird – deutsch ist Thüringen ja ohnehin nicht, und so viel Gold wie einst in Kaliforniern wird man dort wohl auch nicht gewinnen –, so scheint doch etwas daran zu sein. Schon im Jahre 1887 wurden, umfangreiche Versuche angestellt, die alten Goldgruben von Reichmannsdorf wieder in Betrieb zu setzen. Infolge des in Deutschland durch den Schandvertrag von Versailles eingetretenen Goldmangels hat man sich wieder des alten Goldbergbaues dort erinnert und versucht nun nach aller neusten Methoden, das in kolloidalem Zustand feinster Verteilung in ausreichenden Mengen in Deutschland vorkommende Edelmetall auf elektrolytischen Wege zu gewinnen, indem man die gold- und silberhaltigen Quarze einem kataphoretischem Auflösungsprozess aussetzt, um auf diese Weise das Edelmetall fast restlos zu gewinnen. Es sollen geradezu überraschend gute Resultate bisher erzielt worden sein. Auch die Franzosen haben auf

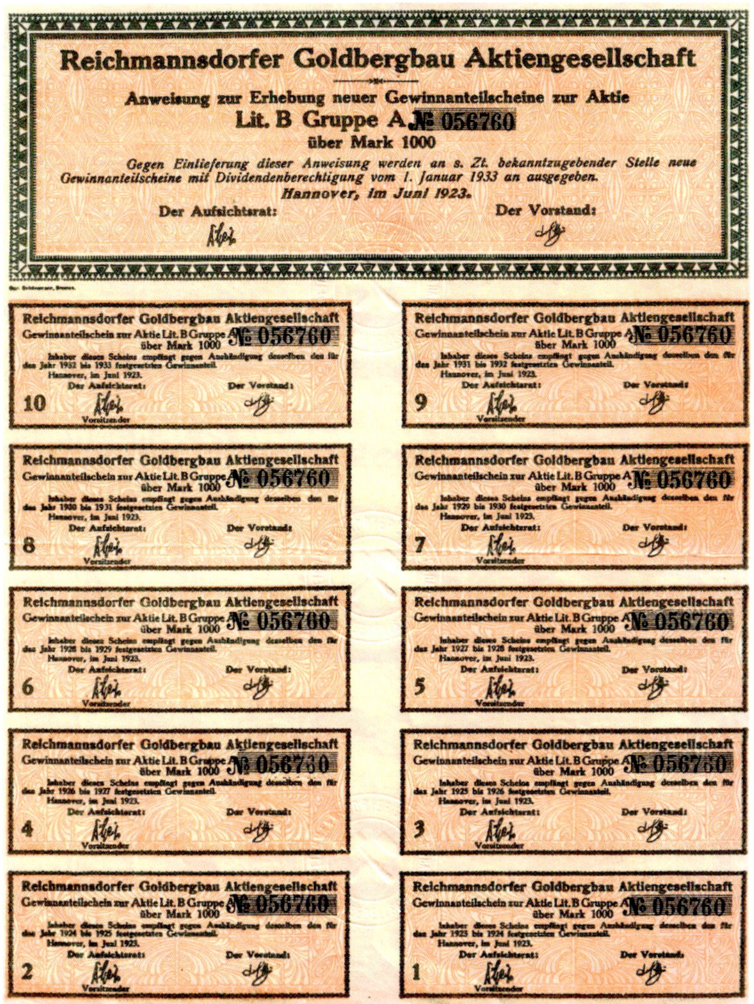

Reichmannsdorfer Goldbergbau Aktiengesellschaft

Anweisung zur Erhebung neuer Gewinnanteilscheine zur Aktie
Lit. B Gruppe A № 056760
über Mark 1000

Gegen Einlieferung dieser Anweisung werden an s. Zt. bekanntzugebender Stelle neue Gewinnanteilscheine mit Dividendenberechtigung vom 1. Januar 1933 an ausgegeben.
Hannover, im Juni 1923.

Der Aufsichtsrat: Der Vorstand:

Reichmannsdorfer Goldbergbau Aktiengesellschaft
Gewinnanteilschein zur Aktie Lit. B Gruppe A № 056760 über Mark 1000
Inhaber dieses Scheins empfängt gegen Aushändigung desselben den für das Jahr 1932 bis 1933 festgesetzten Gewinnanteil.
Hannover, im Juni 1923.
Der Aufsichtsrat: Der Vorstand:
10 Vorsitzender

Reichmannsdorfer Goldbergbau Aktiengesellschaft
Gewinnanteilschein zur Aktie Lit. B Gruppe A № 056760 über Mark 1000
Inhaber dieses Scheins empfängt gegen Aushändigung desselben den für das Jahr 1931 bis 1932 festgesetzten Gewinnanteil.
Hannover, im Juni 1923.
Der Aufsichtsrat: Der Vorstand:
9 Vorsitzender

Reichmannsdorfer Goldbergbau Aktiengesellschaft
Gewinnanteilschein zur Aktie Lit. B Gruppe A № 056760 über Mark 1000
Inhaber dieses Scheins empfängt gegen Aushändigung desselben den für das Jahr 1930 bis 1931 festgesetzten Gewinnanteil.
Hannover, im Juni 1923.
Der Aufsichtsrat: Der Vorstand:
8 Vorsitzender

Reichmannsdorfer Goldbergbau Aktiengesellschaft
Gewinnanteilschein zur Aktie Lit. B Gruppe A № 056760 über Mark 1000
Inhaber dieses Scheins empfängt gegen Aushändigung desselben den für das Jahr 1929 bis 1930 festgesetzten Gewinnanteil.
Hannover, im Juni 1923.
Der Aufsichtsrat: Der Vorstand:
7 Vorsitzender

Reichmannsdorfer Goldbergbau Aktiengesellschaft
Gewinnanteilschein zur Aktie Lit. B Gruppe A № 056760 über Mark 1000
Inhaber dieses Scheins empfängt gegen Aushändigung desselben den für das Jahr 1928 bis 1929 festgesetzten Gewinnanteil.
Hannover, im Juni 1923.
Der Aufsichtsrat: Der Vorstand:
6 Vorsitzender

Reichmannsdorfer Goldbergbau Aktiengesellschaft
Gewinnanteilschein zur Aktie Lit. B Gruppe A № 056760 über Mark 1000
Inhaber dieses Scheins empfängt gegen Aushändigung desselben den für das Jahr 1927 bis 1928 festgesetzten Gewinnanteil.
Hannover, im Juni 1923.
Der Aufsichtsrat: Der Vorstand:
5 Vorsitzender

Reichmannsdorfer Goldbergbau Aktiengesellschaft
Gewinnanteilschein zur Aktie Lit. B Gruppe A № 056760 über Mark 1000
Inhaber dieses Scheins empfängt gegen Aushändigung desselben den für das Jahr 1926 bis 1927 festgesetzten Gewinnanteil.
Hannover, im Juni 1923.
Der Aufsichtsrat: Der Vorstand:
4 Vorsitzender

Reichmannsdorfer Goldbergbau Aktiengesellschaft
Gewinnanteilschein zur Aktie Lit. B Gruppe A № 056760 über Mark 1000
Inhaber dieses Scheins empfängt gegen Aushändigung desselben den für das Jahr 1925 bis 1926 festgesetzten Gewinnanteil.
Hannover, im Juni 1923.
Der Aufsichtsrat: Der Vorstand:
3 Vorsitzender

Reichmannsdorfer Goldbergbau Aktiengesellschaft
Gewinnanteilschein zur Aktie Lit. B Gruppe A № 056760 über Mark 1000
Inhaber dieses Scheins empfängt gegen Aushändigung desselben den für das Jahr 1924 bis 1925 festgesetzten Gewinnanteil.
Hannover, im Juni 1923.
Der Aufsichtsrat: Der Vorstand:
2 Vorsitzender

Reichmannsdorfer Goldbergbau Aktiengesellschaft
Gewinnanteilschein zur Aktie Lit. B Gruppe A № 056760 über Mark 1000
Inhaber dieses Scheins empfängt gegen Aushändigung desselben den für das Jahr 1923 bis 1924 festgesetzten Gewinnanteil.
Hannover, im Juni 1923.
Der Aufsichtsrat: Der Vorstand:
1 Vorsitzender

Die Reichmannsdorfer Goldbergbau-Aktie:
Gegen Aushändigung des Anteilsscheines war der Inhaber berechtigt, den festgesetzten Gewinnanteil ausgezahlt zu bekommen

Umwegen bereits versucht, ihre schmutzigen und gierigen Hände nach diesem Unternehmen auszustrecken, doch ist ihnen erfreulicherweise sofort eine richtige deutsche Antwort zuteil geworden. Es besteht begründete Annahme, dass der deutsche Goldbergbau auf Grund der neusten Erfindungen und Methoden, wenn derselbe großzügig und mit ausreichendem Kapital betrieben wird, eine Zukunft hat. Das wäre im Interesse des deutschen Vaterlandes von Herzen zu wünschen." (25)
Nach meinen Informationen wurden die Gruben „Mit Gebet und Arbeit", „Max" und „Hermann" geöffnet und erkundet sowie weitere Untersuchungsarbeiten aufgenommen. Unklar ist allerdings der Standort der Bergwerke „Max" und „Hermann". Die beiden letztbezeichneten Gruben haben wahrscheinlich „moderne" Namen erhalten. Aus meiner Sicht bestehen jedoch Zweifel an der Durchführbarkeit des geplanten Vorhabens der Goldgewinnung, solange die exakten Nachweise der Untersuchungen des goldhaltigen Gesteins nicht vorliegen. Irgendwie erinnert mich die Sache an die Goldmacher und deren Versprechen, für reichlich Gold zu sorgen.
Die Reichmannsdorfer Goldbergbau-Aktie hatte einen Wert von 100.000 Mark, aufgeschlüsselt in jeweils zehn Anteilsscheine zu 10.000 Mark. Gegen Aushändigung des Anteilsscheines war der Inhaber berechtigt, den festgesetzten Gewinnanteil ausgezahlt zu bekommen. Die Anteilsscheine waren in Jahresscheiben aufgeschlüsselt. Der Anspruch war für die Jahre zwischen 1923 und 1933 festgeschrieben. Das Vorhaben kam allerdings nicht zur Ausführung. Was aus der Aktiengesellschaft wurde, war nicht eindeutig festzustellen. Es verwundert, dass die Aktien der Reichmannsdorfer Goldbergbau-Aktiengesellschaft nicht entwertet wurden.

Der Sitzendorfer Goldfund von 1800

Am 5. August 1800 fand der Tagelöhner Lämmerzahl oberhalb der Pocherbrücke bei Sitzendorf im frisch abgetragenen Gesteinsschutt des Schwarzabettes ein an Quarz gebundenes Stückchen gediegenen Goldes.

Die Schwarza in Sitzendorf

Der mit Goethe befreundete weimarische Bergrat Johann Carl Wilhelm Voigt wurde 1800 schließlich beauftragt, ein Gutachten über den Goldfund an der Pocherbrücke bei Sitzendorf mit zu erstellen. Es hat folgenden Wortlaut:
„Einiges über die bey Schwarzburg gefundene Goldstufe. Die herrschende Gebirgsart von dem Theile des Thüringer Waldes, den die Schwarza durchwäßert, ist Thonschiefer. Daß in denselben Gold existiert, ist gewiß: aber bisher war es zweifelhaft, wie und wo es in denselben vorkäme? Ob in Gängen, oder zwischen den aufrechtstehenden Blättern desselben? Ob in Quarz oder Eisenstein oder sonst einer Gangart? Gegenwärtig scheint sich aber dieses durch den glücklichen Fund des H. Obristlieuntnants

Heubel aufzuklären. Man bauet nämlich einige hundert Schritte über der sogenannten Pocherbrücke zum Behuf einer anzulegenden Wiesenwäßerung ein steinernes Wehr in die Schwarza. Hierzu war nöthig, sein Bette zu beräumen, und Widerlager in das ganze Gestein unter dieselbe zu hauen.

So rein, im Ganzen genommen, der Thonschiefer in diesem Gebirge gefunden wird, so nimmt man doch auch diesem Puncte, wo nämlich die Widerlager zum Wehr in demselben gehauen worden, eine Veränderung wahr: denn zwischen seine Blätter hat sich hier häufig rother u. gelber Eisenocker, weißes, höchst fein körniges Steinmark und Quarz mit eingeflochten.

Auch durchschneidet Quarz in kurzen Türmchen die Blätter des Thonschiefers nach anderen Richtungen, u. hin u. wieder ist hier der Thonschiefer so reich an Kieselerde, dass er am Stahle Funken giebt, u. als ein wahrer Eisenschiefer zu betrachten ist. Auch fand ich lichten Rotheisenstein im ganzen Haufwerk. In diesem Gemenge von leicht grauem Thonschiefer, Quarz, Kieselschiefer, Steinmark, dichtem Rotheinsenstein u. Eisenocker fand sich nun das Goldstüfchen, einige Dukaten am Werth, und zwar noch an seinem Entstehungsorte, und nicht durch das Wasser der Schwarza herbeygeführt. Das Gold gleicht seiner hohen Farbe wegen dem arabischen, u. sitzt in gekrümmten, ziemlich groben Blättern, mit rothem Eisenocker (hier Eisenmann genannt) verbunden fest auf reinen weißen Quarz auf. An der äußersten Spitze eines dieser Blätter scheint es auch, und zwar pyramidal, crystallisiert zu seyn. Welche Crystallisation beym Golde oft vorkommt. Doch (muß) man das Stüfchen durch eine gute Lupe betrachten, um sich hiervon zu überzeugen, denn für das unbewaffnete Auge ist dieser Gegenstand zu klein. Das Gold hat sich also hier in einem Quarztürmchen erzeugt, und zwar auf einer seiner äußeren Flächen, in Verbindung mit rothem Eisenocker, daher man Puncten allerdings nachspüren muß, die eine solche Beschaffenheit wahrnehmen lassen.

Ob diese veränderte Beschaffenheit des Thonschiefers oder das oben angezeigte Gemenge als Gang anzusehen ist, getraue ich mir nicht zu behaupten, und würde es im Gegentheil nicht einmal dafür erkennen, weil sich kein Hangendes und Liegendes unterscheiden lässt, und die seyn sollende Gangmasse sich zu wenig von der Gebirgsart unterscheidet. Um hierinne

eine Autorität für mich zu haben. Führe ich die Definition eines Ganges aus Werners Theorie von (der) Entstehung der Gänge an. Sie heißt: „Gänge sind plattenförmige besondere Lagerstätten der Fossilien, welche fast immer die Schichten des Gesteins durchschneiden pp auch mit einer, von der Gebirgsart verschiedenen Masse ausgefüllt sind.“
Es ist im gegenwärtigen Falle sehr nothwendig, dieses genau zu bestimmen, um wegen eines hier einzurichtenden Baues Maasregeln darnach nehmen zu können. Unmittelbar über dem Puncte, wo das Goldstüfchen gefunden worden ist, und ohngefähr drey Lachter höher, ist am rechten Schwarzenufer zum Behuf des Wehrbaues ein Steinbruch angelegt worden, worin der Thonschiefer rein antstehet, und keinen durchsetzenden Gang wahrnehmen lässt, welches seyn würde, wenn die untere Partie dieser Gebirgsart ein wahrer Gang wäre. Doch findet sich hier oben mehr Eisenocker zwischen den Blättern und Steinschiedungen des Thonschiefers, wie gewöhnlich.
Gegenwärtig ist auf alle Fälle dem Golde weiter nachzuspüren, und der glückliche Zeitpunct zu benutzen, wo nach einer Reise von Jahrtausenden das Bette der Schwarza von seinem Wassern befreyt werden musste. Man wird wohl thun, wenn man sich hier, soweit man kommen kann, niederarbeitet, das ausgeförderte Haufwerk besonders legt, und dasselbe hernach mittelst einer Sezwäsche oder eines Schlämmgrabens genau prüft, d.i. das ausgeförderte Haufwerk von seinen antlebenden Unreinigkeiten befreyet, u. Stück vor Stück genau besieht, obhäufiger Gold vorkommt, oder ob das gefundene Stüfchen von der Natur nur allein hierher gelangt würde, um die Aufmerksamkeit auf das edelste Metall nicht ganz ausgehen zu lassen, sondern aufs Neue zu beleben. Denn der feine Schlamm gehet dadurch nicht verlohren, sondern kann sich auf dem Boden des Sezfaßes sammeln, und durch den Sichertrog noch besonders geprüft werden. Doch ist es in hiesigen Gegenden nicht leicht, ein Subject zu finden, das mit der Sezwäsche umzugehen weis, welches der Fall aber auch sein würde, wenn man sich des Schlämmgrabens bediene wollte. Dringende Geschäfte und eine vorhabende Reise hindern mich, gegenwärtig mehr hierüber zu sagen. Nur empfehle ich, im Fall höchstens Ortes resolvirt werden sollte, eine Goldwäsche einzurichten, die größte Vorsicht und Behutsamkeit in der Auswahl der Subjecte. Denn eine zweckmäßige Aufbereitungsart der Erze, wohin das Goldwaschen zu rechnen ist, hat mir

Die Schwarza mit dem Bereich der Pocherbrücke,
Fundort des historischen Goldfundes von 1800

immer als das schwerste und delicateste der ganzen Bergwissenschaft zu scheinen. Unter sämtlichen Bergpersonale giebt es nur wenige Wäscher, und unter diesen wiederum nur wenige, die auf jeder Art der Wäscharbeit eingerichtet sind; solche Subjecte müssten von Kindheit an abgerichtet und geübt worden seyn, und außer Jüngeren sind sie zu Joachimsthal in Böhmen, u. an einigen Orten des Erzgebirges zu suchen.
Im gegenwärtigen Falle wäre es doppelt schwer, weil man sich vor allen Dingen erst vereinigen müßte, welche Art von Waschmanipulation zu wählen wäre. Ungern bemerke ich noch, dass ich selbst in dem Schlam-

me, den Obrist-Lieut. Heubel von dem Puncte hatte zurücklegen lassen, wo das Goldstüfchen gefunden worden war, im Sonnenschein und mit einer sehr starken Lupe versehen, auch nicht ein einziges Goldpünctchen wahrnehmen konnte.

Ilmenau, d. 18. Aug. 1800
Joh. Carl Wilh. Voigt
Herzogl. S. Weim. Bergrath" (26)

Bei Reichmannsdorf im Abfallschutt einer Porzellanmanufaktur gefundenes Porzellanmalergold angereichert in einem Porzellanschälchen

Zwei Tage nach dem Fund, am 7. August 1800, teilt der Kommandant von Schwarzburg Obrist-Leutnant Heubel der Fürstlichen Kammer folgendes mit:

„Bekanntlich wird über der Pocherbrücke unter Sitzendorf ein Wehr zur Bewässerung der eben und zu Wiesen gemachten Hügel im sonstigen Wildgarten angelegt. Dieses Wehr soll von Steinen und durchaus von Felsen erbaut werden. Letzteren aufzusuchen, musste das Schwarzabett zum Teil tief aufgegraben werden, und es wurde auch überall darunter fester Felsen aufgefunden. Weil aber derselbe nicht gerade durchsetzt, sondern bald Erhöhungen bald Vertiefungen hat, so mussten die Erhöhungen erst weggespitzt und eben gemacht werden, damit die darauf zu liegen kommenden Steine ein gutes Lager haben. Bei dieser Arbeit fand ehegestern (am 5. August 1800) ein Tagelöhner Lämmerzahl aus Schwarzburg ein in Quarz angelegenes reichlich 3 Ducaten (inklusive des Quarzes) schweren Stückchen aller Wahrscheinlichkeit nach gediegenes Schwarzgold. Dieses vermutliche Goldstückchen wurde, meines Dafürhaltens, in einem Gang außer dem Schwarzabette neben einem gelben Ocker, welcher vielleicht auch goldhaltig sein könnte, gefunden. Es war bloßer Zufall, dass das gefundene Stückchen in einer Wanne Schutt oben auf zu liegen kam und den Finder durch seinen Glanz aufmerksam machte, sonst wäre auch dieses mit verschüttet worden. Das aufgefundene Stüfchen lag 2 bis

5 Fuß unter dem Schwarzabette. Soviel ich weiß, haben die vordem in der Schwarza goldwaschenden Bergleute die Gegend unter Sitzendorf besonders über dem Gasthofe und Schlosse immer für die reichhaltigste gehalten. Ich selbst habe den Bergmann Öser (Eser), den ältesten von Oberhayn, in einer halben Stunde nach seiner eigenen Angabe für ohngefähr 10 Groschen Gold an diesem Ort auswaschen sehen. Es lässt sich daher nicht unwahrscheinlich annehmen, dass hier das meiste Gold abgespült und diesen nächstliegenden Orten zugebracht wurde." (27)

Goldstufe aus dem Goldbergbaugebiet Steinheid – wer eine findet, kann sich glücklich schätzen

Nach einer in den Akten der Fürstlichen Kammer befindlichen Nachricht des Kanzlers von Ketelhodt war der Berghauptmann von Trebra *„bei dem Anblick der Goldstufe außerordentlich frappiert und erfreut, indem er seiner Äußerung nach eine Stufe von solcher Beträchtlichkeit aus einer Gegend von Deutschland niemals gesehen und auch gar nicht vermutet hätte".* (28)

Der Fund des Rentners Martin aus Katzhütte 2004 sowie eigene Funde von Berggold im Grammbereich lassen den Schluss zu, dass auch künftig noch außerordentliche Goldfunde im Bereich des Thüringer Schiefergebirges oder seinem Vorland möglich sind. Heute kann die Sitzendorfer Goldstufe von 1800 neben anderen Goldfunden in der Ausstellung des Naturhistorischen Museums Rudolstadt bewundert werden.

Lockenringe, ältester Goldfund Thüringens

Von Juli 2005 bis Februar 2006 fanden aufgrund der Erweiterung der „Sachsen-Thüringen-Erdgas-Anbindungsleitung" (STEGAL) archäologische Untersuchungen statt. Dabei konnten im Verlauf der ca. 100 Kilometer langen Trasse mehr als 40 Fundstellen untersucht werden. Als besonders reich an urgeschichtlichen Hinterlassenschaften erwies sich die Ortsflur Apfelstädt, Landkreis Gotha. Hier kamen auf 1200 m x 123 m Fläche etwa 500 Befunde aus der Jungsteinzeit, der Bronzezeit, der römischen Kaiserzeit und der Merowingerzeit zutage.

Einer der Lockenringe aus dem Grab bei Apfelstädt, vergrößert

„Ein fast in Ost-West-Richtung verlaufender Trassenabschnitt von 270 Meter Länge erbrachte zwölf Gräber der jungsteinzeitlichen Schnurkeramik und Glockenbecherkultur. Die Gräber der Letzteren waren mit einer Ausnahme in einer kleinen Gruppe angelegt. Das schon durch diese räumliche Trennung auffallende Einzelgrab lag 70 Meter östlich. Es hebt sich in mehrfacher Hinsicht von der Masse der bisher in Mitteldeutschland bekannten Bestattungen der Glockenbecherkultur ab. Nach Abtragen des Pflughorizonts zeigte sich die Grube dieses Grabes in Form einer annähernd rechteckigen, Nordwest-Südost ausgerichteten Verfärbung von etwa 1,50 m x 1,20 m Größe. Nordöstlich vorgelagert befand sich eine weitere, wesentlich kleinere, unregelmäßig ovale und flache Verfärbung. Dieser Befund könnte zur Aufnahme einer Grabmarkierung (Holzpfosten o. Ä.) gedient haben. Insgesamt lässt die Grubenform auf eine Holzkammerkonstruktion schließen. Das Skelett lag in Hockstellung auf der linken Körperseite, mit dem Schädel im Norden und mit Blick nach Osten. Die Orientierung der Kammer erlaubte es, den Toten bei begrenztem Innenraum in genauer

Nord-Süd-Lage zu bestatten. Hinter seinem Rücken war ein sehr gut gearbeiteter, rot gefärbter und reich verzierter Glockenbecher vom böhmischen Typus niedergelegt worden. Ein weiterer großer Becher fand seinen Platz im Osten der Grabgrube in Knienähe. Zum übrigen sehr qualitätsvollem Inventar gehören fünf Feuersteinpfeilspitzen. Die Pfeile waren hinter dem Toten und wahrscheinlich in einem Köcher niedergelegt. Die erhaltene Ausrüstung des Bogenschützen wurde durch eine Armschutzplatte aus Felsgestein komplettiert. Sie lag zusammen mit einem Bogenschaber aus Feuerstein östlich des Nackens, ursprünglich sicherlich in einer Tasche am Gürtel. Eine als Messer zu verwendende retuschierte Feuersteinklinge wurde unter dem Becken entdeckt, vor dem Gesichtsschädel fanden sich einige kleine Tierknochen. Die außergewöhnlichsten

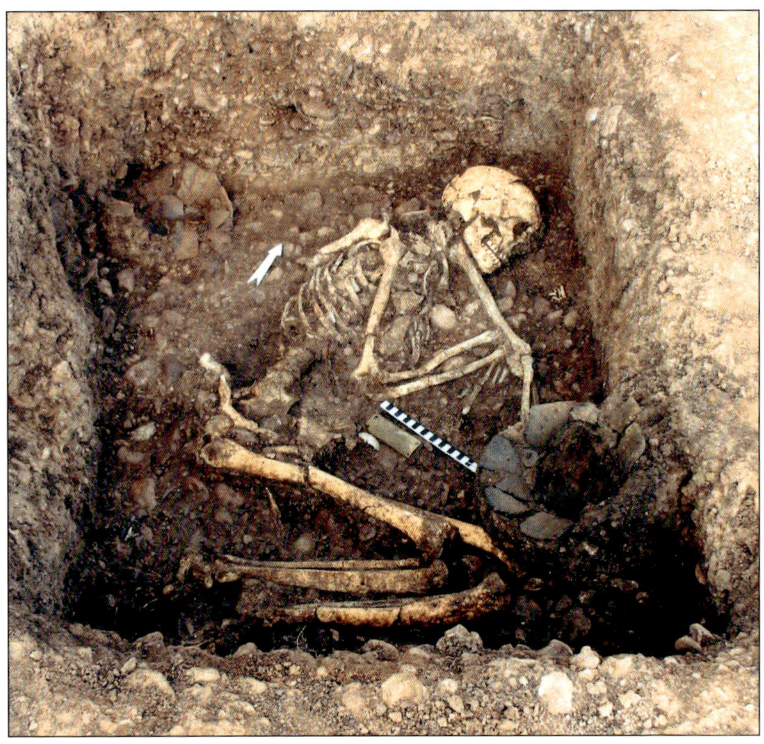

Einzelgrab der Glockenbecherkultur mit reicher Ausstattung, entdeckt bei Apfelstädt. Der Pfeil zeigt die Lage der goldenen Lockenringe an.

In den Fluren der Gemeinde Apfelstädt wurde 2005/2006 das Grab der Glockenbecherkultur entdeckt

Funde traten jedoch erst beim Abbau des Skeletts zutage. Zur großen Überraschung fand sich im Brustbereich völlig unkorrodiertes Metall. Es handelt sich um zwei „Lockenringe“ mit einem Durchmesser von 15 bis 16 Millimeter.

Sie bestehen aus bandförmigem Draht, der spiralförmig in zwei Windungen gelegt worden ist. Jeweils ein Ende ist zu einer schildförmigen Platte ausgehämmert und mit feiner Punzierung kunstvoll verziert. Die Ringe bestehen aus Elektron, einer Legierung von Gold und Silber mit gereinigtem Kupferzusatz.

Nach ersten anthropologischen Untersuchungen stammt das Skelett von einem 35- bis 50-jährigen, etwa 1,70 Meter großen Mann in guter körperlicher Verfassung. Zum Zeitpunkt des Todes waren ein Schienbeinbruch, ein Nasenbeinbruch und eine Stauchung der Brustwirbelsäule gut verheilt. Mit diesem, in der kleinen Holzkammer bestatteten Mann, tritt uns eine sozial hoch stehende Persönlichkeit gegenüber. Er unterhielt enge Beziehungen in das südliche Mitteleuropa, wahrscheinlich stammte er direkt aus diesem Raum, denn neben dem reich verzierten Glockenbecher weist auch der große Becher in den Süden. Die beiden Lockenringe sind in Mitteldeutschland bisher einzigartig. Ihr mitteleuropäisches Verbreitungsgebiet ist Mähren und Böhmen, Einzelstücke liegen auch aus Österreich und der Schweiz vor. Eine erste naturwissenschaftliche Datierung verweist auf die Lebensspanne des Mannes in die Zeit zwischen ca. 2350 und 2200 v. Chr. Für eine frühere Zeitstellung in der mitteldeutschen Glockenbecherkultur sprechen neben Machart und Verzierung des Glockenbechers auch die „Lockenringe"." (36)

Der verschollene Thüringer Königsschatz

Die Wenigsten wissen, dass Thüringen dereinst ein Königreich war, dessen Grenzen sich von der Elbe im Norden bis zum Main erstreckte. Besiedelt war das recht große Gebiet von verschiedenen germanischen Stämmen und Stammesverbänden mit Schwerpunkten der Besiedlung im Thüringer Becken, im Grabfeld und im östlichen Harzvorland.

War der einstige Königshof des Thüringer Reiches im späteren Herbsleben? Verdecken die Mauern des Schlosses noch ältere Spuren?

Der erste geschichtlich bekannte König der Thüringer war Bisin, der drei männliche Nachkommen hatte. Einer seiner Söhne namens Herminafrid setzte sich schließlich als Erbe seines verstorbenen Vaters durch und herrschte fortan über das Thüringer Reich. So geschehen vor etwa 1500 Jahren. Von außen wurde das Königreich Thüringen durch die benachbarten Franken bedroht, die schon einmal eine blutige Niederlage hinnehmen mussten. Ihre Eroberungspläne hatten sie jedoch nie aufgegeben. Um der Bedrohung des Thüringer Königreiches durch die Franken zu begegnen, verbündete sich der Thüringer König Herminafrid mit dem Ostgotenkönig Theoderich, mit dem die Franken bereits schlechte Erfahrungen gemacht hatten. Nach dessen Tod sahen die Franken ihre Zeit gekommen, um das Thüringer Königreich zu zerschlagen und die Herrschaft über das Territorium zu erlangen. Sie kamen mit einer gewaltigen Streitmacht welcher der Thüringer König nicht Vergleichbares entgegenzusetzen hatte. Das Heer der Thüringer wurde in die Flucht geschlagen, nachdem sich der König mit seiner Familie bereits abgesetzt hatte. An der Unstrut, in der Nähe des Königshofes, soll es dann zur Entscheidungsschlacht gekommen sein, in der die Thüringer vernichtend geschlagen wurden. Den Königshof, so wird berichtet, zündeten die Sieger an, um das Symbol des Thüringer Reiches zu vernichten. Herminafrid konnte mit seiner Familie jedoch fliehen, wurde dann aber, wahrscheinlich im Auftrag des Frankenkönigs Theuderich, ermordet. Wo sich sein Grab befindet, der Thüringer Königshof lag und die für die Thüringer so verhängnisvolle Schlacht stattfand ist unbekannt. Bezogen darauf wird lediglich die Unstrut genannt. Die Angaben zum Ende des Thüringer Königreichs verdanken wir Gregor von Tours, der in seinen zehn Büchern fränkischer Geschichte im Jahr 575 also nur wenige Jahrzehnte nach dem Ereignis u. a. darüber geschrieben hat und Folgendes zu berichten weiß:

„Theoderich aber nahm seinen Bruder Chlotar und seinen Sohn Theodebert zu Hilfe mit sich und rückte ins Feld. Als die Franken nun heranzogen, stellten die Thüringer ihnen eine Falle. Auf dem Felde nämlich, wo der Kampf entschieden werden musste, gruben sie Löcher, deren Öffnungen wurden mit dichtem Rasen bedeckt, so dass es eine gleiche Fläche zu sein schien. In diese Löcher nun stürzten viele der fränkischen Reiter, als es zum Schlagen kam, und konnten so nicht vor der Stelle, nachdem man aber die List gemerkt hatte, fing man an, achtsam zu sein. Als aber die Thüringer sahen, dass sie grossen Verlust erlitten hatten, wandten sie, da auch ihr König Herminafried schon die Flucht ergriffen hatte, den Rücken und kamen bis zum Unstrutflusse. Dort wurde so viele Thüringer niedergemacht, dass das Bett des Flusses von der Masse der Leichname zugedämmt wurde und die Franken über sie wie über eine Brücke auf

das jenseitige Ufer zogen. Nach diesem Siege nahmen diese sofort das Land in Besitz und brachten es unter ihre Botmässigkeit. Chlotar führte Radegunde, die Tochter des Königs Berthar, bei seiner Rückkehr als Gefangene mit sich und nahm sie als dann zum Weibe. Da er aber später ihren Bruder ungerechter Weise durch schändliche Menschen töten liess, wandte sie sich zu Gott, legte das weltliche Gewand ab, baute ein Kloster in der Stadt Poitiers und tat sich durch Gebet, Fasten und Almosengeben so hervor, dass sie einen großen Namen unter dem Volke gewann". (29)
Wegen ihrer Verdienste um das Christentum wurde Radegunde im 9. Jahrhundert vom Pabst heilig gesprochen.
Zu beachten ist allerdings, dass Gregor von Tours seine geschichtlichen Darlegungen nur aus fränkischer Sicht schildern kann. So berichtet er u. a. über fast alle wichtigen Ereignisse seiner Zeit, die Kriegszüge der Franken sowie die dabei erlangte Beute und recht ausführlich über das viele Gold und die Edelsteine, die die fränkischen Könige nach siegreichen Schlachten in Besitz nahmen. Über den Schatz der Thüringer schweigt sich der Geschichtsschreiber aus. Umso ausführlicher beschreibt er hingegen den Streit der beiden Frankenkönige Chlothar und Theuderich um die Prinzessin Radegunde aus Thüringen. Doch zurück zum Königsschatz. So unterschiedlich die Kulturen der Vorzeit und in den ersten Jahrhunderten nach der Zeitwende auch waren, sie alle schätzten das Gold, das sie als Zahlungsmittel verwendeten und daraus kultische Gegenstände sowie Schmuck fertigten. Daraus besteht wohl ein Teil des Schatzes der Thüringer Könige. Auch Gegenstände aus Silber, Edelsteine und Prunkwaffen gehören wohl dazu. Vom Umfang und Wert eines Schatzes hing schließlich das Ansehen und die Macht des Könighauses ab. Zum Wert und zur Größe des Schatzes kann nur spekuliert werden. Auch der Ort seiner Verbringung ist unbekannt.
In seinem Buch „*Gesellschaft und Kunst der Germanen, die Thüringer und ihre Welt*", erschienen 1973, geht Prof. Behm-Blancke ebenfalls davon aus, dass der Thüringer Königsschatz nicht in die Hände der Franken fiel und deshalb noch seiner Entdeckung harrt. Die Frage woraus der Schatz bestehen könnte, beantwortet Prof. Behm-Blancke wörtlich wie folgt:

„Er wird aus den Gastgeschenken der langobardischen Könige bestanden haben, mit denen das thüringische Königsgeschlecht eine langjährige Freundschaft verband, ferner aus Gunstbeweisen, die dem König Herminafrid von Theoderich durch dessen Nichte Amalaberga übermittelt wurden, aus Freundschaftsgaben des anglischen und warnischen Hochadels sowie schließlich des vormals befreundeten fränkischen Königshauses. Und bereits während der Hunnenherrschaft, als Angehörige des Thüringer Adels Attilas treue Gefolgsleute waren, werden wertvolle Beutestücke und Gastgeschenke verschiedener Art ins Land gekommen und Bisins Königshort einverleibt worden sein. Die jüngere Generation des Thüringer Königshauses konnte dann auf diese Bestände zurückgreifen“ (30)

Der Professor vermutet den Thüringer Königshof und damit den vermutlichen vergrabenen Schatzhort in der Gegend zwischen Weimar und Erfurt. In diesem Gebiet wurden bislang die kostbarsten ostgotischen Fibeln (Gewandspangen) bei Ausgrabungen entdeckt.

Herausragend ist hier die aus Gold bestehende und mit Almandinen besetzte berühmte Adlerfibel von Oßmannstedt bei Weimar. Das im Jahre 1909 erschienene Werk über die vor- und frühgeschichtlichen Altertümer Thüringens von Prof. Dr. A. Götze, Prof. Dr. P. Höfer und San.-Rat Dr. Zschiesche lässt keinen Zweifel, dass Weimar das größte Anrecht darauf hat, als die Hauptresidenz der thüringischen Könige angesehen zu werden. Dort wird also auch der Hauptkönig Herminafried sich gewöhnlich aufgehalten habe. Das Thüringen südlich des Thüringer- und Frankenwaldes ist in dem Feldzug von 531 nicht berührt worden, sondern wurde erst später dem Frankenreiche einverleibt. Dort kann daher Berthars Gebiet nicht gewesen sein.

Der Historiker Reinhold Andert hat jahrelang intensiv recherchiert und darüber ein Buch unter dem Titel „Der Thüringer Königshort“ geschrieben. Er vermutet den Königshof und damit das Schatzversteck irgendwo zwischen Herbsleben und der Tretenburg. Aus meiner Sicht ist zu unterscheiden zwischen Gold, das einem verstorbenen König oder einer Person der Oberschicht mit ins Grab gegeben wurde, einem aus kultischen Gründen vergrabenen Schatz oder einen Schatzhort der nur versteckt und wieder gehoben werden sollte. Es ist anzunehmen, dass Letzteres auf den Thüringer Königsschatz zutrifft. Folgt man dieser Vermutung, dann ist nicht anzunehmen, dass der Königsschatz im Bereich einer zerstörten Residenz in den Boden gebracht wurde. Viele Gründe sprechen dafür, dass er im Gebiet des letzten Aufenthaltsortes des Königs dem Boden anvertraut wurde, da die Vergrabungsstelle die Funktion eines Tresors zu erfüllen hatte. Historische Beschreibungen gewähren durchaus Einblicke über Umfang und Bestand der von Herrscherhäusern gehorteten Reichtümer. So kommt zum Beispiel im Nibelungenlied, dem Heldenepos der germanischen Stämme zur Zeit der Völkerwanderung dem Schatzhort eine besondere Bedeutung zu. In ihm dokumentiert sich der unmittelbare Zusammenhang zwischen Macht, Reichtum und Machtentfaltung. Der „Beowulf-Epos“ der Germanen beschreibt, dass ein Schatzhort nebst massivem Gold und Silber auch Waffen, Helme, Schwerter, Schilder, Rüstungen sowie Münzen, Schmuck, Becher, Krüge und Kannen enthielt.

Die berühmte Adlerfibel von Oßmannstedt

Wesentlich umfangreicher und vielseitiger waren die mittelalterlichen Horte der deutschen Kaiser und Könige zusammengesetzt. Sie bestanden u. a. aus kostbaren Aufbewahrungsbehältnissen mit Reliquien, Ausstattungsgegenständen des Hofes, den Herrschaftszeichen mit Krone, Stab und Zepter, Waffen, Prunkrüstungen,

Schmuck, Preziosen, Münzen und vielem anderem. Der Kern des Schatzes bestand aus bearbeitetem und unbearbeitetem Gold und Silber.
Es lag im Bestreben des jeweiligen Herrschers seinen Schatzhort zu vermehren, da seine Wirkung nach außen entscheidend für sein Ansehen war. Erbschaften, Abgabe und Geschenke waren Schatz vermehrende Positionen, die durch gewonnene Feldzüge und Kriege noch ganz erheblich gesteigert wurden. So wird berichtet, dass Karl der Große den unterworfenen Moslems als Tribut so viel Gold und Silber abverlangt hat, dass zum Transport alleine 700 Kamele erforderlich waren. Auch Heinrich III. erhielt im Jahre 1043 anlässlich seines Sieges über die Ungarn eine Tributzahlung an Gold, die nach heutigen Begriffen dem Gewicht von etwa 10.000 Kilogramm entsprach. Diese Beispiele ließen sich durchaus fortsetzen. Das Gold mit seiner magischen Ausstrahlungskraft wurde so auch ganz bewusst zur Hervorhebung der Persönlichkeit des Herrschers eingesetzt.
Der Umfang und Wert des verschollenen Thüringer Königschatzes dürfte beachtlich sein. Die Frage ob er jemals gefunden wird, kann hier natürlich nicht beantwortet werden.

Der Erfurter Schatzfund

Der Erfurter Schatz wurde durch Bauarbeiter im September 1998 entdeckt. Diese waren dabei, den Bauschutt eines durch Bombentreffer im Zweiten Weltkrieg in der Michaelisstraße zerstörten Gebäudes zu beseitigen. Eine neue Bebauung war vorgesehen, nachdem zur DDR-Zeit nichts verändert worden war. Wie in solchen Fällen üblich, musste vor der Errichtung neuer Bauwerke im Zentrum von Erfurt eine archäologische Untersuchung

Unter Leitung des Landesamtes für Archäologie und Denkmalpflege in Weimar erfolgte die Bergung des Schatzfundes in der Erfurter Waagegasse

erfolgen. Neben interessanten Mauerstrukturen stieß man auch auf mittelalterliche Keramik- und Steinzeuggefäße. Aufmerksamkeit erregte ein rund gemauerter Schacht sowie ein quadratischer Steinkeller. Beide Objekte sollten erhalten und in die künftige Bebauung einbezogen werden. Der Schatz wurde schließlich im

Der Schatz von Erfurt

Zugangsbereich des Steinkellers gefunden. Der Schatz mit einem Gesamtgewicht von etwa 30 Kilogramm besteht aus 3.141 Silbermünzen, 14 Silberbarren und über 700 gotischen Gold- und Silberschmiedearbeiten. Eines der Glanzstücke des Schatzes ist ein goldener jüdischer Hochzeitsring aus dem 14. Jahrhundert.

Der Schatz wurde in einem Zeitraum von zwei Jahren aufwändig restauriert. Unter Leitung des zuständigen Landesamtes für Archäologie und Denkmalpflege in Weimar erfolgte die Untersuchung und Auswertung der gesamten Grabung unter Einschluss des Schatzfundes.

Die vergoldeten Gewandschließen sind Teile des Erfurter Schatzes

Mit einem Gewicht von über 23 Kilogramm entfällt der größte Teil des Schatzfundes auf die silbernen Münzen und Barren. Bei den Münzen handelt es sich um so genannte Turnosen (franz. Gros tournois) die im Auftrag des Königs Ludwig IX. von der Stadt Tours erstmals geprägt wurden. Die Turnosen, die sich an karolingischen Münzen orientieren, wurden zu einer bedeutsamen Währung im Fernhandel. Der Erfurter Münzfund lässt sich in die Prägezeit vom Ende des 13. bis in die erste Hälfte des 14. Jahrhunderts einordnen. 14 Silberbarren bis auf einen sind mit den Mainzer Rad gestempelt, das auch zum Erfurter Wappen wurde. Mit dem Stempeleindruck wurde die Reinheit und eine bestimmtes Gewicht des Silbers garantiert. Gleichzeitig wurde damit der Nachweis geführt, dass die Barren aus der Erfurter Münze stammen. Sie wurden im Mittelalter im Zahlungsverkehr eingesetzt, wenn größere Summen erforderlich waren. Alles deutet darauf hin, dass die Besitzer des Schatzes Geldhandel betrieben. Die Masse des Fundes besteht aus Silber. Der Erfurter Schatz enthält jedoch auch acht sehr aufwändig hergestellte und äußerst dekorativ wirkende Broschen wovon drei Stücke dem ausgehenden 13. Jahrhundert zugeordnet werden. Es sind damit die ältesten Fundstücke des Schatzes. Ein Teil der Broschen besteht aus massivem Gold, wobei alle Schmuckstücke mit Edelsteinen und zum Teil auch mit Perlen besetzt sind. Im Gegensatz zu den

Die Gewandschließe in Form eines Adlers ist vergoldetes Silber und stammt aus dem 13. bis 14. Jahrhundert

Die Alte Synagoge in Erfurt

Fibeln, die Gewandteile zusammenzuhalten hatten, waren die Broschen reine Schmuckstücke welche die Träger wohl als Mitglied der Oberschicht auswiesen. Dem Schatz zugehörig sind auch acht Ringe aus Gold und Silber, die sich in Männer- und Frauenringe unterscheiden. Gürtelapplikationen, Gürtel- und Gewandschließen sowie Gewandbesatz, Silbergeschirr, Becher, Gefäße, eine vergoldete Silberdose und ein Kosmetikset tragen zur Einzigartigkeit des Schatzfundes bei. Das wichtigste Stück des Schatzes ist ein aus massivem Gold bestehender, jüdischer Hochzeitsring des frühen 14. Jahrhunderts. In dem Buch „Erfurter Schatz", das den Fund in Kurzfassung aber reich bebildert behandelt, wird auf Seite 51/52 der Hochzeitsring wie folgt beschrieben:

„Der Ring symbolisierte den Brautpreis und durfte daher nur aus reinem Gold bestehen. Edelsteine waren verboten, da der Wert während der Zeremonie von Zeugen bestätigt werden musste. Er wurde nur während der Zeremonie getragen und ging mit dem Anstecken an den Zeigefinger in

den Besitz der Braut über. Oft wurden solche Ringe in der Familie weitervererbt. Der breite Reif ist an der Unterseite mit der Darstellung ineinander gelegter Hände, einem alten Sinnbild für eheliche Treue, geschmückt. An den Seiten des Reifes tragen zwei geflügelte Drachen die fein gearbeitete gotische Tempelarchitektur. Der Aufbau ist hexagonal mit identischen Seiten: Über jeweils drei spitzbogigen Arkaden erhebt sich ein krappenbesetzter Giebel mit einem eingeschrieben Dreipass, der von einer Kreuzblume bekrönt, sowie von zwei Fialen flankiert wird. Auf den glatten Dachflächen besteht in sechs eingetieften, hebräischen Buchstaben die Inschrift MASAL TOW. Sie heißt wörtlich übersetzt „Guter Stern" bedeutet aber im übertragenen Sinn „Viel Glück" und ist ein traditioneller Glückwunsch zur Hochzeit. Innerhalb des Häuschens befindet sich eine kleine goldene Kugel, die bei Bewegung einen leisen Klang erzeugt". (31)

Der goldene Hochzeitsring ist Bestandteil des Erfurter Schatzes

Der 1998 in der Erfurter Altstadt entdeckte Schatz, ist nicht nur ein Sensationsfund, er ist bedingt durch die dazugehörigen Goldschmiedearbeiten ein weltweit beachteter, einmaliger Fund.

Neben der Mikwe (1.000 Jahre altes jüdisches Ritualbad) und der Alten Synagoge aus dem 11. Jahrhundert, in der heute der Schatz ausgestellt ist, sind einzigartige Zeugnisse jüdischen Lebens zu besichtigen. Die in der Waagegasse in Erfurt gelegene Alte Synagoge ist heute ein Museum. Sie ist die älteste erhaltene Synagoge in Mitteleuropa.

Das einstige Wohngebiet der jüdischen Bürger und ihre Synagoge als Lebensmittelpunkt befand sich im Stadtzentrum von Erfurt. Juden und Christen lebten hier friedlich bis zum Ausbruch der Pest nebeneinander. Es gab also bis zum 14. Jahrhundert keine Gettoisierung der Juden. 1349 überzog wie in vielen anderen mittelalterlichen Städten eine Pogromwelle Erfurt. Die Christen lasteten den Juden an, die Pest verbreitet zu haben. Durch die gewaltsamen Übergriffe wurde die gesamte jüdische Gemeinde ausgelöscht. In dieser Zeit vergrub wohl auch ein reicher jüdischer Geschäftsmann seine Reichtümer, den heutigen Erfurter Schatz, der in der Alten Synagoge Erfurt zu bewundern ist.

Das Gold im Salz

Am Morgen des 4. April 1945 konnte ein Voraustrupp der 90. Division der 3. US-Panzerarmee ohne größeren Widerstand bis Merkers vordringen und die Schachtanlage besetzen, in deren Tiefe sich ein Tresor befinden sollte.
Die Amerikaner waren überrascht, noch Bankbeamte vorzufinden, die von einem Lkw Bündel mit Banknoten entnahmen und diese zählten. Die Ladung war der zurückgeführte Transport, der ursprünglich für Berlin bestimmt war.

So fanden die Soldaten der US-Army 1945 die Schatzkammer im Merkerser Salz vor

Von den Bankbeamten erhielten die amerikanischen Soldaten erste Hinweise zu versteckten Schätzen der Nazis. Die amerikanische Presse erfand dann die Story von zwei Frauen, die trotz Ausgangsverbots von Militärpolizisten auf der Straße angetroffen wurden und vorgaben, nach einer Hebamme zu suchen. Sie sollen den Amerikanern im Gespräch schließlich über das Schatz-

versteck erzählt haben. Aus dem Tagebuch eines amerikanischen Offiziers ergibt sich, dass am 12. April um 10.30 Uhr die Generale Eisenhower, Bradley, Patton und Eddy in das Bergwerk einfuhren, um das vorgefundene Gold und die Kunstschätze zu besichtigen. Darüber wurden auch zahlreiche Fotos angefertigt. Die örtliche Führung in der Kalischachtanlage übernahm der Colonel (Oberst) Dr. Jur. Bernhard D. Bernstein, ein deutschstämmiger Amerikaner, der auch die Tresoraufsprengung veranlasst hatte. Er war im Auftrag des Finanzsektors des Oberkommandos der amerikanischen Streitkräfte eingesetzt und hatte bereits tagelang vor der Besichtigung mit seinen Gehilfen die vorgefundenen Bestände gesichert und soweit das möglich war, registriert. Die in Unmengen von Koffern und Kisten verpackten Goldmünzen, Goldbarren und Schmuckstücke, Uhren, Goldzähne, goldenen Brillengestelle, Perlen u. a. waren wohl das in ganz Europa und insbesondere von Juden und anderen KZ-Häftlingen geraubte Gut.
Für den Fall eines direkten Feindzugriffs hatten die Nazis vorgesehen, den in 800 Meter Tiefe zum Tresor hinabreichenden Schacht so zu sprengen, dass die Bergung der Schätze viele Monate in Anspruch genommen hätte. Nach Ablauf einer größeren Zeitspanne so spekulierte die Naziführung, hätte man selbst wieder über die eingelagerten Werte verfügen könne. Obwohl ein Plan zur Sprengung der Anlage gefasst wurde, war weder der Zugangsschacht noch der riesige durch Stahltüren gesicherte Tresorraum vermint oder zur Sprengung vorbereitet.
Bei mehrschichtiger Arbeitszeit hatten KZ-Häftlinge unter unmenschlichen Bedingungen den Tresor herrichten müssen. Das miserable Essen, zumeist Kraut- und Kohlrübensuppe, sowie die schwere Arbeit unter der Erde verursachte schon nach wenigen Tagen krankheitsbedingte Arbeitsausfälle. Viele Häftlinge bekamen dadurch Wahnvorstellungen. Einige von ihnen aßen Kali, wodurch ihre ausgemergelten Körper auftrieben und die Nieren versagten. Unter unsäglichen Schmerzen starben sie grauenvoll.
Die KZ-Häftlinge hatten auch den Transport des Schatzgutes zu bewältigen. Durch die Wachmannschaften der SS und entmenschte Kapos wurden sie zur Eile angetrieben. Die Goldbarren, die sie

Nachgestellte Säcke mit Münzgold in der Ausstellung des Erlebnisbergwerks Merkers

im trüben Licht der Grubenlampen zu schleppen hatten, trugen den Stempel der Preußischen Staatsmünze beziehungsweise der Deutschen Gold- und Silberscheideanstalt (DEGUSSA). Es war weltmarktübliches 24-karätiges Feingold. Trotz der perfekt vorbereiten Planung der Einlagerung passierte kurze Zeit nach der Versiegelung der Stahltore Unvorhergesehenes. Aus Berlin traf eine Lastwagenkolonne im Merkers ein, die vor den Schachtgebäuden in Kaiseroda hielt. Sie stand unter der Leitung des Kunsthistorikers und Ersten Kustos der Nationalgalerie, Prof. Dr. Paul Ortwin Rave. Er besaß eine Sondergenehmigung der Reichskanzlei und brachte etwa 700 wertvolle Gemälde nach Merkers. Die Masse der Bilder hatte schon wochenlang in den Flak-Bunkern am Berliner Zoo und am Friedrichhain gelegen. Viele waren unverpackt geblieben und hatten durch die Fahrt mächtig gelitten. Das SS-Wachkommando verweigerte zunächst die Einlagerung in den Schacht, bis man eine telefonische Klärung herbeigeführt hatte. Danach musste das KZ-Kommando auch diese Lkw-Fracht in

die Bergtiefe bringen, jedoch in gehöriger Entfernung von dem Golddepot. Die Gemälde wurden in einem völlig unvorbereiteten Stollen abgestellt. Durch Gespräche in der Grube war nun auch Prof. Rave ungewollt Mitwisser der Geschichte um das Goldgewölbe geworden. Am 6. April 1945, vier Wochen nach eintreffen des Bildertransportes, wurden die letzten KZ-Häftlinge in Richtung Buchenwald auf den Todesmarsch gejagt. Die SS begann damit, ihre lästigen Mitwisser physisch zu vernichten. Auch andere Schachtanlagen des weiträumigen Werra-Kali-Grubenreviers wurden im Juli 1944 zur Einlagerung von Wertgut genutzt.
Insgesamt befanden sich in der Schachtanlage „Kaiseroda II/III“ 8527 Goldbarren mit einem Gewicht von 100,35 t, 144,82 t Goldmünzen, die sich wie folgt zusammensetzten: Goldmünzen des deutschen Reiches für 39,7 Millionen Reichsmark, 68,8 Millionen französische Goldfranc, 18,6 Millionen Golddollar, 17,7 Millionen österreichische Goldkronen, 26 Millionen holländische Goldgulden, 5,7 Millionen Schweizer Goldfranken sowie weitere Währungen. An Papiergeld waren eingelagert 3 Milliarden Reichsmark, 2 Millionen US-Dollar, 98 Millionen französische Franc, 4 Millionen norwegische Kronen und über 200.000 englische Pfund. Nach den Bestandsbüchern der damaligen Reichsbankhauptkasse gehörte ein Teil der Goldbarren und der Goldwährungen zu Depots und Asservaten, die die Reichsbank für die Industrie sowie staatliche und ausländische Stellen verwahrte. Hinzu kamen noch die anderen Wertsachen. Das Museumsgut verbrachte man in die Nähe des Tresors der Reichsbank.
Bei meinen Recherchen im Jahre 1965 stieß ich in Tiefenort auf Wilhelm Großkopf, der in Kaiseroda einen Förderkorb bedienen musste, mit dem die Schätze ans Tageslicht gebracht wurden. Er erzählte mir Folgendes:
„Ich wurde kurze Zeit nach der Besetzung Tiefenorts durch die Amerikaner von bewaffneten Soldaten an einem Abend von zu Hause abgeholt. Ich wurde aufs Werkgelände gebracht und dort von einem Offizier erwartet, der mir in verständlicher Sprache erklärte, dass ich einen Sonderauftrag der amerikanischen Armee auszuführen und über diesen Stillschweigen zu bewahren hätte. Ich musste ständig verfügbar sein und

stünde unter dem Schutz des amerikanischen Militärs. Ganz wohl war mir bei dieser Sache nicht, da ich ja wusste, dass nicht weit von Merkers entfernt noch gekämpft wurde. Ich erhielt, ebenso wie einige meiner Kollege, einen Sonderausweis und auch Büchsenverpflegung. Als Fördermaschinist musste ich den Förderkorb bedienen, mit dem Offiziere und Soldaten in den folgenden Tagen ständig aus- und einfuhren. An einem Tag waren auch ganz hohe amerikanische Generale da, die in die Grube einfuhren und sich in der Tiefe einige Stunden aufhielten. Unter den Kumpels hatte sich schon herumgesprochen, dass die Amerikaner große Schätze gefunden hätten. In der Nähe des Maschinenraumes standen Soldaten mit Maschinenpistolen, die das Gelände ständig beobachteten. Außerhalb des Werkes waren mehrere Panzerwagen zu sehen. Ich konnte feststellen, dass Offiziere oder Soldaten beim Verlassen des Bergwerkes Sachen mitnahmen. In einem Fall habe ich ganze Bündel Geld gesehen, die ein hoher Offizier in den Händen hielt. Wieder einige Tage später

Im Erlebnisbergwerk Merkers, wie damals vorgefunden, nachgestellte Kisten mit Wertgut

begann dann schlagartig der Abtransport der Sachen aus der Grube. Der Förderkorb war ständig in Bewegung. Es wurden schwere Kisten und Bilder nach oben gebracht. Da ich mich mit einem weiteren Maschinisten in die Arbeit teilen musste, habe ich nicht alles gesehen. Ich kann mich noch daran erinnern, dass ein Sack aufgegangen war, in dem sich viele Goldmünzen befanden, die lagen dann auf dem Boden herum und wurden von Soldaten wieder eingesammelt. Später habe ich mich mit meinen Kumpels, die ebenfalls im Einsatz waren, unterhalten. Jeder wusste etwas zu berichten. Es wurde auch erzählt, dass die Nationalsozialisten in den Schachtanlagen Springen und Dietlas ebenfalls wertvolle Sachen versteckt hätten.

Das Tagebuch von General Dwight D. Eisenhower enthält unter anderem folgenden Eintrag:

„Ein General von Pattons Armee hatte einen NS-Schatz erstürmt und entdeckt, der in den niederen Schichten einer tiefen Salzmine versteckt war. In einem Tunnel sah ich die riesige Menge Gold, von unseren Experten mit Vorsicht auf 250.000.000,00 US-Dollar geschätzt. Außerdem befand sich dort eine Menge gemünztes Gold aus verschiedenen Ländern Europas und sogar einige Millionen Goldmünzen aus den USA. Eine große Menge von Gold- und Silberplatten und Schmuck.“ (32)

Mit dem Abtransport der Schätze begannen die Amerikaner am 12. April 1945. Er war am 17. April beendet.

Das von den Amerikanern in Merkers gefundene Gold wurde später mit weiteren Goldbeständen an anspruchberechtigte Länder verteilt. Der Verteilerschlüssel ist nur in ganz groben Umrissen bekannt geworden. Die Bestandslisten und Unterlagen der eingelagerten Bestände sind lückenhaft und unvollständig. Gemäß Teil IV/Absatz 10 des Potsdamer Vertrages vom 2. August 1945 verzichtete die damalige Sowjetunion auf das von den alliierten Truppen in Deutschland erbeutete Gold.

Ingenieurbauwerke, die Bleßberghöhle und das Gold

Am 4. Dezember 2006 fand die Anschlagfeier zur Errichtung des Bleßbergtunnels statt, der mit 8.314 Metern der längste Eisenbahntunnel der Neubaustrecke Ebensfeld – Erfurt ist. Der Tunnel durchquert den 865 Meter hohen Bleßberg des Schiefergebirges.

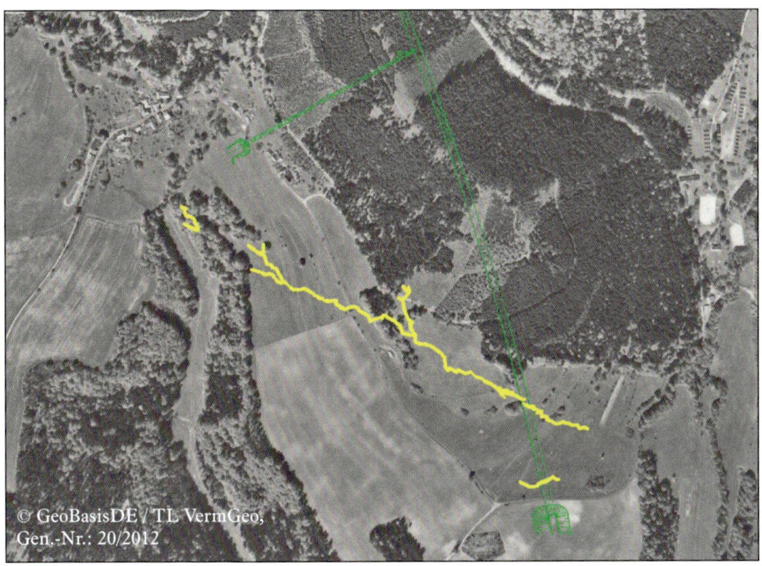

In die Luftbildaufnahme wurde in Grün der Verlauf des Bleßbergtunnels der ICE-Strecke und in Gelb die entdeckten Höhlenbereiche eingezeichnet, links der vermutete Zugang von Außen

Vom Süden aus bewegte sich der Tunnelvortrieb auf einer Strecke von ca. 480 Metern in den Kalk- und Mergelsteinfolgen des Unteren und Mittleren Muschelkalkes. Diese Gesteine bilden den Nordrand der süddeutschen Großscholle. Ihr folgt mit dem varistisch geprägten und steilgefalteten Schiefergebirge der Eintritt in die Schiefer und Quarzite des Ordoviziums und Präkambriums mit einer Vielzahl wechselvoller Quarzitbänder, die auch Gegenstand

Fasziniert staunten auch die Forscher des Thüringer Höhlenvereins über die bis dahin unbekannte Höhle im Bleßberg

der Goldgewinnung waren. Im April 2008 wurden beim südlichen Vortrieb des Bleßbergtunnels im Unteren Muschelkalk zwei Hohlraumsysteme entdeckt, die sich in einen kleineren östlichen sowie einen wesentlichen größeren westlichen Teil mit einer Gesamtlänge von über 1,2 Kilometer aufteilen.
Die als Höhle 2 in etwa parallel zur großen Höhle verlaufende kleine Höhle hat eine Gesamtlänge von ca. 70 Metern. Zwischen beiden Höhlen konnte eine Verbindung nicht nachgewiesen werden. Die im unteren Muschelkalk verlaufende große Höhle zeigt in bestimmten Abschnitten Durchbrüche bis in den darüber befindlichen Mittleren Muschelkalk. Der in der großen Höhle angetroffene Tropfsteinschmuck ist einzigartig und kaum mit dem anderer Höhlen vergleichbar. So wurden u. a. bis dahin völlig unbekannte Sinterformen angetroffen, die auch die internationale Sonderstellung der Höhle unterstreichen. Da diese von außen nicht zugänglich ist, musste ihre Erkundung bei laufendem Tunnelvortrieb in einem vorgegebenen Zeitraum erfolgen. Dazu wurde

Bislang kein gediegenes Gold aber seine Begleiter im Höhlenbach gefunden

die Höhle von den Höhlenforschern des Thüringer Höhlenvereins vermessen und dokumentiert. Der bereits verschlossene Zugang vom ICE-Tunnel aus musste nochmals geöffnet werden. Die Forschungsarbeiten führten zur Entdeckung bisher unbekannter Höhlenteile mit zum Teil spektakulären Tropfsteinbildungen. Nach Abschluss der Arbeiten im Januar 2009 wurde der Zugang der Höhle vom ICE-Tunnel aus für immer verschlossen. Der Geowissenschaftliche Verein Suhl 1961 hat während der Bauphase des

Bleßbergtunnels das ausgebrachte Gestein auf seine Mineralisation hin untersucht. Das besondere Augenmerk wurde dabei auf im Tunnelvortrieb durchfahrene Goldquarzgänge gerichtet. Trotz intensiver Suche gelang es nur in zwei Fällen gediegenes Gold in den tiefen Bereichen der Quarzgänge nachzuweisen, wodurch die These erhärtet wurde, dass das Gold nur im oberflächennahen Bereich auftritt.
Das Gold war hier an Limonit, Bleiglanz, Zinkblende und Kupferkies gebunden. Es trat also nicht isoliert auf. Untersucht wurden auch die Bestandteile der im Fließgewässer der Bleßberghöhle befindlichen Sedimente. Obwohl in ihnen noch kein Waschgold nachgewiesen werden konnte, sind die goldbegleitenden Gesteine

Die Unterwelt zu erkunden ist zum Teil riskant, manchmal schlicht zu eng: Dieser kleine Roboter hilft bei der Untersuchung unwegsamen Geländes untertage. Sein russischer Name „Tarakan“ bedeutet „Küchenschabe“, gebaut von Dieter Weiß

und Erze vorhanden, die in ihrer Zusammensetzung mit den Sedimenten des Grümpenbaches vergleichbar sind. Die Untersuchungen sind derzeit noch nicht abgeschlossen. Damit ist bewiesen, dass zumindest ein Teil des die Bleßberghöhle durchfließenden

Wassers aus dem Schiefergebirge stammt. Dem Tunnel Bleßberg schließen sich weitere Ingenieurbauwerke an, die mitten durch das alte Goldgewinnungsgebiet von Goldisthal führen. Es sind dies die Saubachbrücke, der Tunnel Goldberg, die Grubentalbrücke, die Dunkeltalbrücke und der Tunnel Masserberg mit der Massetalbrücke. Ihnen schließen sich noch der Tunnel Fleckberg, die Oelzetalbrücke sowie der Tunnel Silberberg an. Der Goldbergtunnel hat eine Länge von 1.163 Meter, während es der Tunnel Rehberg auf 562 Meter und der Tunnel Masserberg auf 1.011 Meter Länge bringt. Die Längenangaben beziehen sich auf den bergmännischen Vortrieb. Die Ingenieurbauwerke befinden sich südwestlich bzw. westlich nur etwa 500 Meter von der alten Goldgräbergemeinde Goldisthal entfernt.

Dem Bauvorhaben im historischen Goldbergbaugebiet von Goldisthal ging eine entsprechende Altbergbaurecherche zur Bestimmung der Lage der alten Goldgruben voraus. Dazu hat die Firma „Terra Montan“ mit Sitz in Suhl eine entsprechende Dokumentation erarbeitet. Das Untersuchungsgebiet wurde mehrfach untersucht und auffällige Geländeformen, die im Zusammenhang mit dem Goldbergbau stehen, könnten aufgenommen und eingemessen werden. Zusammengefasst konnte folgende Aussage getroffen werden:

„Im Untersuchungsgebiet westlich von Goldisthal wurde vom 15. bis zum 18. Jahrhundert Goldbergbau betrieben. Anfangs beschränkte man sich weitgehend auf das Waschen von Seifengold in den Tälern. Später wurden auch Stollen und Schächte zur Gewinnung des Berggoldes (Goldquarzgänge) angelegt. Größere Gruben mit Stollen und Schächten sind vor allem im Grubental bekannt. Einzelne verbrochene Stollenmundlöcher sind im Gelände noch erkennbar. Der untertägige Verlauf der Auffahrungen lässt sich jedoch nur vermuten. Grubenrisse oder ähnliches konnten im Rahmen der Archivrecherche nicht gefunden werden. Vermutlich ging auch ein rege betriebener Duckelbergbau im Untersuchungsgebiet um. Duckelbergbau ist eine ältere Form der Rohstoffgewinnung, bei der von einer mineralisierten Stelle an der Geländeoberfläche (Ausstrichsbereich von Erzgängen u. Ä.) meist wenige Meter tief geschürft wurde. Solche kleinen Auffahrungen wurden i. d. R. ohne Ausbau und

Schacht der wohl ältesten Goldgewinnungsperiode im Rehtal bei Masserberg bei Baumaßnahmen der ICE-Trasse entdeckt

Bewetterungsmaßnahmen angelegt und sind überwiegend nicht aktenkundig". (33)
Daraus ergibt sich schon, dass es sehr schwierig war, die Relikte des alten Goldbergbaus im Gelände zu erfassen und zu bestimmen. In Abstimmung mit der Oberbauleitung war es mir möglich, Goldbergbau im Rehbergtal nachzuweisen, der hier eigentlich nicht zu erwarten war. Die Befunde sind eindeutig. Durch die Anlegung kleinerer Schächte mit einer Tiefe zwischen 10 und 15 Metern (Duckelbergbau) wurden goldhaltige Quarzgänge im Schiefergestein abgebaut, die reichlich Schwefelkies enthalten, der hier auch als Goldträger auftritt.
Durch den Bau der Tunnel und Brücken im Schiefergebirge brachten geologische Aufschlüsse nicht nur neue Erkenntnisse, dem Dunkel der Geschichte konnten bislang auch unbekannte Details der einstigen Goldgewinnung entrissen werden.

Goldnachweise im Bereich des Schleusetals, bei Goldlauter und Ruhla

Die Geschichte der Seifengoldgewinnung und des Bergbaues auf Gold konzentriert sich fast ausschließlich auf das Thüringer Schiefergebirge und die hier beschriebenen Gebiete. Würde man ohne kritische Prüfung alle Geschichten, Sagen und historische Beschreibungen über Goldvorkommen im Thüringer Wald als wahr annehmen, dann hätten wir eine Vielzahl weiterer Goldgewinnungsgebiete. Die geologischen Verhältnisse lassen an sich schon eine derartige Bewertung nicht zu.

Im Pochwerksgrund

Als gesichert gilt, dass in einem unbekannten Umfang im Schleusegebiet zwischen Frauenwald und Waldau im Pykodenschiefer des Oberen Gabeltales und bei Schleusingerneundorf, hier wahrscheinlich im anstehenden Quarzdiorit Goldgewinnung erfolgte. Über den Abbau liegen keine Urkunden vor.

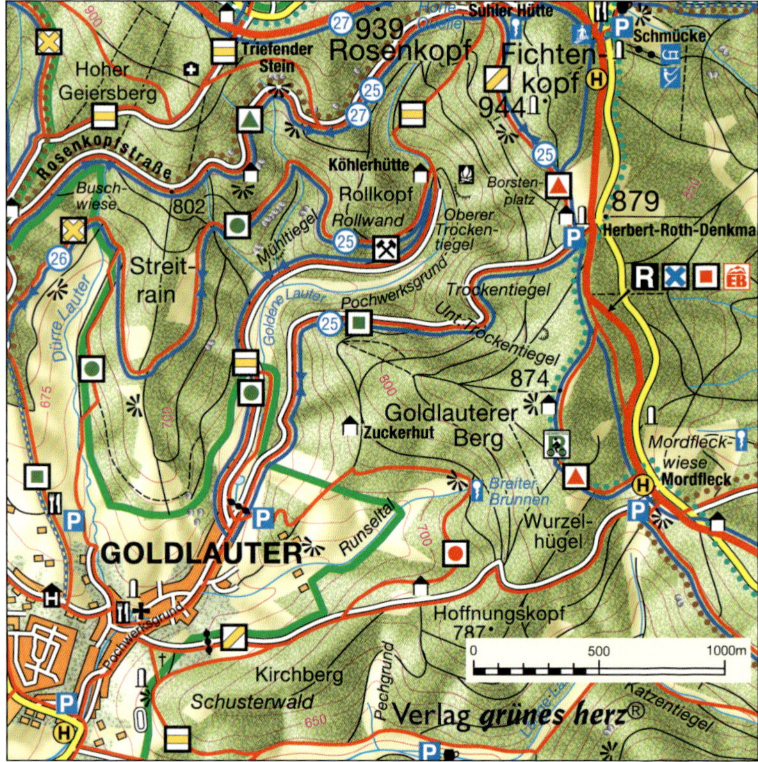

Gebiet um Goldlauter

Eine herzogliche Konzession aus dem Jahre 1711 zur Errichtung eines Hüttenwerkes im Bereich des Einlaufes der Tanne in die Schleuse erwähnt, „... *wo ehedem der sogenannte Goldhammer gestanden.*“ In der geographischen Karte der gefürsteten Grafschaft Henneberg, Chur.-Sächsischen Anteils aus dem 18. Jahrhundert sind unterhalb von Schleusingerneundorf zwei Goldgewinnungsstellen eingezeichnet.

Da diese Karte ziemlich exakt die Standorte des Bergbaus auf Silber, Kupfer, Eisen und Steinkohle zum Inhalt hat, kann davon ausgegangen werden, dass die eingezeichneten Goldvorkommen, die offensichtlich der Gewinnung unterlagen, der Realität entsprechen. Auf einem Wiesengrundstück am Schleuseufer im Bereich der Gemeinde Schönbrunn, Ortsteil Schönau zeichnen sich noch heute die Umrisse eines Wassergrabens und eines Bauwerkes ab. Das Flurstück wird als Goldhammer bezeichnet. Aufschlussreich ist auch ein Blick in das Waldauer Kirchbuch des Jahres 1631. In

In der Talsperre Schönbrunn sind historische Grubenbereiche, wozu auch Goldfundstellen gehören, versunken

diesem Jahr erfolgte der Eintrag eines Christoph Kalteisen anlässlich der Gevatterschaft seiner Tochter in Schönau mit dem Hinweis: „Goldzieher uff der Hütten“. Wo diese Hütte ihren Standort hatte, lässt sich nicht mehr belegen, zumal das Wasser der Talsperre Schönbrunn heute große Bereiche des oberen Schleusetales und seine Nebentäler bedeckt.

Zur gefürsteten Grafschaft Henneberg gehörte auch der am 30. November 1546 mit einem Erlass des Grafen Wilhelm IV. gegründete Ort Goldlauter heute ein Ortsteil von Suhl. Der sich im stärker entwickelnden Bergbau auf Silber und Kupfererze, der bereits für das Jahr 1519 belegt ist, gab dafür den Ausschlag. Ohne kritisches Hinterfragen hatte ich mich bislang auch der verbreiteten Meinung angeschlossen, dass der Name des Ortes nichts mit einer Goldgewinnung zu tun hat, da die Hoffnung Gold zu finden wohl zur Namensbildung beigetragen hat.

Gediegen Gold im Quarz aus dem Bergbaugebiet bei Steinheid

Tatsächlich bezieht sich der nachweisbare Bergbau nur auf Kupfer- und Silbererze, obwohl bereits 1691 im erzhaltigen Schiefer des Bergwerkes „Weiße Lilie“ auch Gold nachgewiesen wurde. In den folgenden Bergbauperioden blieb das Gold jedoch unbeachtet.

Herr Dr. Markus Schade aus Theuern, der sich u. a. mit der Herkunft und Entstehung des Goldes in Thüringen beschäftigt, hat in den letzten Jahren erstmals den direkten Nachweis gediegenen Goldes in den Bachschottern der Goldenen Lauter oberhalb von Goldlauter erbracht. Das war für mich Anlass, den Beginn der bergbaulichen Tätigkeit im Gebiet von Goldlauter unter Berücksichtigung der geologischen Situation und der Geländegegebenheiten eingehend zu überprüfen. Schwarze Schiefer die bis zur Oberfläche reichen und die als Schwarzpelite bezeichnet werden, sind die Träger der hier geförderten Erze. An die Schwarzpelite sind auch die damals begehrten Erznieren gebunden, die in ihrem Innern, neben dem Erz eine Vielzahl von Fossilien bergen.

Da die Erzvorkommen auch Arsen und Schwefelkies aufwiesen, war die Erztrennung mit erheblichen Schwierigkeiten verbunden. Schwefelkies und Arsenverbindungen kennzeichnen auch die

Gesicherter Stollenzugang der Grube „St. Jacob" im Pochwerksgrund bei Goldlauter

Goldvorkommen von Goldisthal. Auch hier haben wir es mit einem Schwarzschiefer zu tun, der allerdings über 250 Jahrmillionen älter ist und eine völlig andere geologische Entstehungsgeschichte aufweist. Dass Goldseifer, wie in anderen Goldgewinnungsgebieten vor Beginn des Bergbaues im Gebiet von Goldlauter tätig waren, dafür sprechen solche Geländebezeichnungen wie „Katzentiegel", „Trockentiegel" und „Mühltiegel". Den Hinweis auf eine Pfänner-

Das Schaubergwerk Morassina – der Rokokosaal

schaft der Goldsucher ist den Namen Pfann-Tal, Pfann-Rain u. a. zu entnehmen. Über Erfolg oder Misserfolg der einstigen Goldsucher ist nichts bekannt. Es kann jedoch angenommen werden, dass diese wie auch im Thüringer Schiefergebirge den Ausgangspunkt für den Beginn des Bergbaus gesetzt haben. Anzumerken ist, dass in einem Quarz-Arsenkiesgang am ehemaligen Bahnhof Ruhla in einer Tonne erzhaltigen Gesteins 6,3 Gramm Gold und 28,9 Gramm Silber nachgewiesen wurden. Diese edlen Erze unterlagen jedoch nicht bergbaulichen Gewinnungsarbeiten.

Der ewige Lockruf des Goldes

Berechnungen haben ergeben, dass das gesamte auf der Welt von Anfang an bis jetzt gewonnene Gold ein Gewicht von etwa 155.000 Tonnen hat. Das entspricht einem Würfel mit einer Kantenlänge von etwa 20 Meter.

Das in Thüringen geschürfte Gold ist mit einem Anteil von ca. fünf Tonnen daran beteiligt. Rechnet man diese Summe allerdings bezogen auf die historischen Zeiten der Fördermenge der Goldgewinnung in Thüringen hoch, könnte man nach vorsichtigen Schätzungen auf einen Anteil im Weltmaßstab von etwa einen Prozent kommen. Immerhin eine Größenordung die aufhorchen lässt. In Barrenform wird das Gold von Staaten, Banken und Unternehmen gehortet. Das Gold der Zentralbanken wird auf über 28.000 Tonnen geschätzt, während die Bundesrepublik Deutschland über Goldvorräte von 3.396 Tonnen verfügt.

Das bekannteste und sicherste Goldlager der Welt ist Fort Knox. Dort hat das US-Finanzministerium 1936 das „Bullion Depository“ (Goldbarrenlager) in einem sprengsicheren Objekt aus Granit, Beton und Stahl eingerichtet. Der Zugang ist durch eine 20 Tonnen schwere Tresortür gesichert. Das streng bewachte Gelände rings um das Goldbarrenlager ist zusätzlich von militärischen Stützpunkten umgeben. Ein Drittel der weltweiten Goldreserven sind in Fort Knox eingelagert. Dazu gehört auch ein Großteil der Goldreserven der Bundesbank. Gold ist wertmäßig eine berechenbare Größe, deren Wert angesichts der weltweiten Rezession steigt und steigt. Von der ersten Verwendung des Edelmetalls in vorgeschichtlicher Zeit bis heute hat Gold nichts von seiner Anziehungskraft auf uns Menschen eingebüßt.

Der hohe materielle Wert des Goldes machte es über die Maßen begehrlich. Mit ihm wird Unsterblichkeit und unendlicher Reichtum verknüpft. Für Ägypter war Gold das Symbol des Sonnengottes Ra. Der Sagenkönig Midas und das Goldene Vlies entstammen der griechischen Mythologie. Alles was Midas anfasste verwandelte sich in Gold. Auch die germanische und keltische Mythologie verbindet die Weltschöpfung mit dem Edelmetall. Die Inkas hingegen betrachten Gold als Schweiß der Sonne. Auf der Suche nach dem Kelch der Unsterblichkeit, wie der aus Gold bestehende heilige Gral bezeichnet wird, fand sich die legendäre Tafelrunde unter König Artus zusammen. Über viele Jahrtausende entwickelte sich so der Mythos Gold, dessen Geschichte noch nicht zu Ende geschrieben ist.

Generationen von Gold- und Schatzsuchern jagten Gerüchten nach über perlenübersäte Strände und Städten aus purem Gold, beherrscht von dem Goldkönig El Dorado. Auf der Suche nach dem Goldschätzen der Ureinwohner betrieben die Abenteurer Cortes in Mexiko und Pizarro in Peru im Namen Gottes grausamen Kolonialismus. Der Inka-Kaiser Atahualpa (um 1502–1533) kam zu folgender Erkenntnis:
„Sie wollen Gold. Sie winseln um Gold, sie schreien um Gold. Frag sie um den Preis deiner Freiheit, und du wirst sie mit Gold kaufen können. Es gibt nichts in der Welt, was sie dir nicht für Gold geben würden, ihre Weiber, ihre Kinder, ihre Seele und sogar die Seelen ihrer Freunde.“ (34)

Armreif und goldenes Gliederarmband mit geschliffenen Karneolen in Emaille ausgeführt

Dieser Ausspruch hat an Aktualität nichts eingebüßt.

Gold gab immer wieder Anlass zu Kriegen und Eroberungen. Feldherren wie Alexander der Große, Hunnenkönig Attila oder der Mongolenherrscher Dschingis Khan häuften durch Feldzüge und Tributzahlungen unermessliche Mengen des Edelmetalls an und festigten damit ihre Machtstellung. Der Verbleib ihrer Reichtümer ist allerdings ein bis heute ungelöstes Rätsel.

Den Deutschen wäre wahrscheinlich viel Leid erspart geblieben, wenn die Nazis nicht das Gold der ermordeten Juden und das geraubte Gold der überfallenen Länder für ihre Kriegsmaschinerie hätten einsetzen können.
Aber auch das ist nur die halbe Wahrheit, da willige Abnehmer des Goldes seinen Einsatz für den Kauf von Rohstoffen u. a. erst ermöglicht haben. Pro Jahr werden heute weltweit über 2.500 Tonnen Gold bergmännisch gewonnen. Die größten Goldvorkommen gibt es in Südafrika mit Bergwerken die bis zu 10.000 Meter in die Tiefe reichen. Goldförderländer sind aber auch die USA, Kanada, China, Indien, Russland und andere.
Das Edelmetall ist noch heute das Währungs- und Tauschmittel, das auf der ganzen Welt angenommen wird.
Das heutige Papiergeld ist ein von der Golddeckung losgelöster Wert. Mit ihm lässt sich allerdings Gold kaufen, das aus der Zirkulation vollkommen verschwunden ist. Gold wird allerdings wie in historischen Zeiten gehortet. Überall gibt es Goldaufkäufer, die mit staatlicher Unterstützung versuchen, die Goldbestände der Bürger, zumeist in Form von Schmuck vorhanden, zu reduzieren. Gold wird an den Börsen gehandelt und es wird mit Gold spekuliert. Wegen seiner hervorragenden und einzigartigen Eigenschaften ist Gold auch ein idealer Werkstoff in der Industrie und Raumfahrt. Ein Ende dieser Entwicklung ist nicht in Sicht.

Zeichenerklärung

- Bahnlinie mit Bahnhof
- Industriegleis
- 73 Autobahn
- 89 Bundesstraße
- Wichtige Verbindungsstraße
- Landesstraße; Fahrweg
- Weg, Fußweg; Pfad, Schneise
- Landesgrenze (Thüringen/ Bayern)
- NSG Grenze Naturschutzgebiet (NSG)
- Geschlossene Siedlungsfläche
- Sonstige Bebauung
- Wald, Park
- Garten, Grünanlage
- 325 Höhenlinie (Abstand 25m)
- 324 Höhenpunkt/ Berg
- Böschung; Schlucht; Steinbruch
- Kl. Reliefformen (Felsen; Klippe; Kuppe; Loch)
- R Rennsteig
- Wanderweg
- Radwanderroute
- Skiwanderweg gespurt; Skatingstrecke
- Skiwanderweg bedingt gespurt
- Winterwanderweg (geräumt)
- 7 Loipe mit Nummer und Richtung
- BRS Skiwanderweg B-R-S-Route (Bergbahn-Rennsteig-Skiarena)
- Liftanlage mit Schlepplift/ Sessellift
- Reitweg
- Naturparkinformation
- Hervorragender Baum
- Klinik, Krankenhaus
- Deutsche Spielzeugstraße
- Thüringer Porzellanstraße

- Funkturm; Aussichtsturm
- Aussichtspunkt
- Turm; Windkraftanlage
- Informationsbüro
- Ausflugsgaststätte (Auswahl)
- Imbiss; Café (Auswahl)
- Hotel, Pension (Auswahl)
- Herberge; Feriendorf
- Caravan
- Schloss, Burg; Ruine
- Kirche
- Kapelle; Friedhof
- Denkmal; Obelisk
- Museum; Baudenkmal
- Vorführwerkstatt
- Theater; Freilichtbühne
- Sportplatz; Spielplatz
- Tennisplatz
- Sommerrodelbahn
- Drachenflugplatz
- Reiterhof
- Schutzhütte; Rastplatz
- Forsthaus
- Meteorologische Station
- Höhle; Bergwerk stillgelegt
- Wallanlage; Hügelgrab
- Tankstelle; Parkplatz
- Wanderparkplatz
- Freibad; Schwimmhalle
- Eislaufbahn; Snowtubing
- Rodelwiese; Sprungschanze
- Kurhaus; Wasserfall
- Wassermühle; Quelle
- Bushaltestelle (Auswahl)

Anlagen

Das Arschleder

Die alten bergmännischen Arbeitsmittel Schlägel und Eisen in gekreuzter Form haben als Symbol des Bergbaues weltweit Verbreitung gefunden. Ein weiteres bergbauliches Symbol ist auch das sogenannte Arschleder des Bergmanns. Es gehörte über Jahrhunderte zu der wichtigsten Ausstattung der Bergleute. Der gepolsterte, im Mittelalter entwickelte Knieschutz wurde durch ein weiteres Stück aus Leder ergänzt, das bei sitzender Arbeit als Arschleder gegen Feuchtigkeit von unten Schutz bot und auch das weiße Leinengewebe der Arbeitskleidung schonte. Bei der Arbeitshaltung im nach vorn gebeugten Stehen schützte es gegen Tropfwasser.

So wurde das Arschleder auch zu einem Symbol der bergmännischen Ehre und des Anstandes. Die erste bildliche Darstellung des Leders ist einer Abbildung aus dem Werk „Ein nützliches Bergbüchlein" des Freiberger Stadtarztes Dr. Ulrich Rüblein von Calw um 1500 zu entnehmen.

In Anlehnung an den im 16. Jahrhundert im oberungarischen Bergbau entstandenen Brauch der Verleihung des Arschleders als eine Art Aufnahmeritus in die Gemeinschaft der Bergleute hat der damalige Dekan der Fakultät für Bergbau und Hüttenwesen an der Bergakademie Freiberg Prof. Dr. Arnold 1966 die Verleihung eines „Ehrenarschleders" zu besonderen geselligen Gelegenheiten mit der Zielstellung eingeführt an alte Traditionen anzuknüpfen.

Das bergmännische Geleucht

Ohne das bergmännische Geleucht, das Licht in die unheimliche Nacht der Bergwerke bringt, wäre ein untertägiger Bergbau nicht möglich. Unter diesem Gesichtspunkt kommt dem Licht allgemein und dem Grubenlicht als bergmännisches Geleucht eine besondere Bedeutung zu.

Das „bergmännische Geleucht" ist für den Bergmann lebensnotwendig und damit ein unverzichtbares Stück seiner Ausrüstung. Urkundliche Nachrichten darüber, die vor dem 1500 Jahrhundert liegen, fehlen völlig. Die Beschreibung und Untersuchung des Grubenlichts bezieht sich deshalb nur auf Fundstücke die sich in Museen und Privatsammlungen befinden.

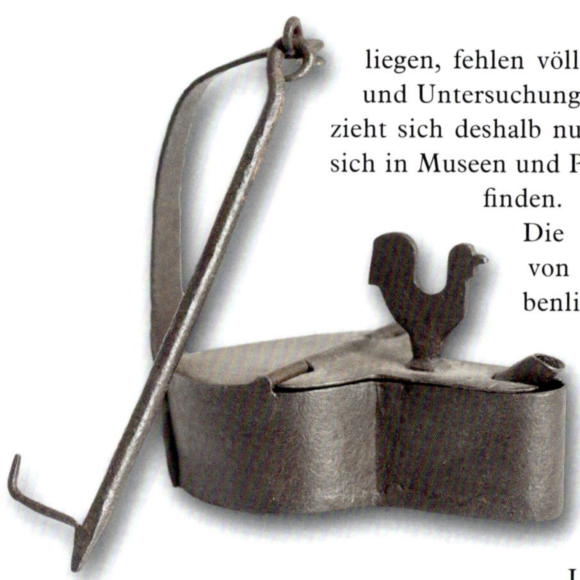

Die frühste Wiedergabe von Bergleuten mit Grubenlichtern auf dem Haupt ist dem Wappenbrief der Stadt Annaberg zu entnehmen. Die Verleihungsurkunde Kaiser Maximilian I. vom 22. März 1501 beschreibt die Lichtträger wie folgt:

Das bergmännische Geleucht hat eine besondere Bedeutung Untertage – hier eine Grubenlampe aus jener Zeit

„… und neben demselben (verschrännkhten Eysen und Feystel) zu yeder seydten des Schilds ein Mannsperson in ein weyßes pergknappen Clayder oder Watt beclaidet habend auf Iren Hewbtern prynnende liechtscherben!“. (35)

Diese primitiven Beleuchtungsmittel in Form einer flachen Schalenlampe lässt sich seit der älteren Steinzeit nachweisen. Sie können das Vorbild der bis weit ins 19. Jahrhundert im Bergbau benutzten Metallfroschlampen gewesen sein.

Betrachtet man die Illustration der ältesten Bergbaubücher, so findet man dort Bergleute mit eisernen Grubenlichtern abgebildet. (Agricola: „De Re Metallica“ 1556 und „Schwarzer Bergbuch“ 1556).

Der Name „Froschlampe“ leitet sich von der einem dasitzenden Frosch nicht unähnlichen Gestalt der Bergmannslampe ab, die in der Literatur der zweiten Hälfte des 19. Jahrhunderts erstmals so bezeichnet wurde. Die Bergleute früherer Jahrhunderte sprachen nur von ihrem Grubenlicht.

Dass die Bergleute sehr abergläubisch waren, dafür sprechen Sagen und mündliche Überlieferungen. So sollten z. B. durch das spiegelblank geputzte Schild der Froschlampe und den damit verstärkten Lichtschein böse Geister gebannt und fortgestrahlt werden.
Die abwehrende und glücksbringende Wirkung der Grubenlampen erhöhte man durch sogenannte Heilszeichen-Symbole, die auf dem Geleucht angebracht wurden. Vor allem sind gekreuzte Schlägel und Eisen Abwehrzeichen gegen die Gefahren der Tiefe, in Anlehnung daran, dass man früher „gegen eine Gefahr das Kreuz schlug" oder auf einem „Kreuzweg" Geister und Hexen abzuwehren glaubte. Im Jahr 1815 arbeiteten George Stephenson und Sir Humphry Davy unabhängig voneinander an Sicherheitslampen. Eine weite Verbreitung im Bergbau fand Davys Wetterlampe, die zum Vorbild für alle folgenden geschlossenen Flammlampen wurde.
Die Erfindung des Karbids in der ersten Hälfte des 19. Jahrhunderts und die Einführung der Karbidlampe gegen Ende des 19. Jahrhunderts führte schließlich zur Verdrängung des bisher üblichen bergmännischen Geleuchts. Mit der Kenntnis und dem Wissen um die Nutzung der Elektrizität kamen zu Beginn des 20. Jahrhunderts erste elektrische Grubenlampen zum Einsatz. Der aufladbare Akkumulator und die gesondert am Helm befestigte Grubenlampe setzten sich schließlich weltweit etwa zur Mitte des 20. Jahrhunderts durch.

Streckenvortrieb und Erzabbau

Zur Zeit der Blüte des Goldbergbaues im Bereich des Schiefergebirges erfolgte der Streckenvortrieb im festen Gestein, das den bergmännischen Werkzeugen widerstand, durch Feuersetzung. Diese Art des Vortriebs und Erzabbaues war jedoch nur zulässig, wenn die Eigentümer der Nachbargruben das erlaubten. Erhielten die Grubenbetreiber diese Erlaubnis nicht, standen Streckenvortrieb und Gewinnungsarbeiten vor schwierigen Problemen. Sie mussten dann Keile in feine Spalten treiben, die zuvor mit den Ritzeisen erweitert wurden. Mit Fäusteln wurden dann die Keile in die Wand getrieben bis große Teile daraus abbrachen. Diese wurden vor Ort zerschlagen und mit einer Kratze in den Bergtrog gezogen. Dieser konnte aus Holz, aus Korbgeflecht oder aus Eisen, mit zwei Handgriffen versehen, bestehen. War der Trog gefüllt, trug oder schleifte man ihn je nach Förderart zum Förderhunt, zum Förderkübel oder brachte ihn über einen Förderstollen direkt zur Oberfläche. Im Gebrauch waren auch einrädrige Förderkarren, ähnlich den heute gebräuchlichen Schubkarren. Doch zurück zur Feuersetzung!

Die harten Gesteine wurden durch Feuer mürbe gemacht. Haufen trockenen Holzes, zum Teil aufeinandergesetzt, wurden angebrannt. Man ließ die Holzscheite solange brennen, bis sie abgebrannt waren. Je nach Größe des Ortes wurde viel oder wenig Holz benötigt. Im Allgemeinen konnten durch diese Vortriebstechnik jeweils nur einzelne Gesteinsschalen gelockert werden, deren Stärke im Regelfall 30 Zentimeter nicht überschritten. Die Schalen wurden dann mit Brecheisen bzw. Stecheisen herausgebrochen. Die vom Feuer angegriffenen Erz- und Steinmassen erzeugten jedoch unangenehm riechende und zum Teil giftige Dämpfe. So lange sich der Rauch in den Stollen hielt, fuhren die Bergleute zum Schutz ihrer Gesundheit nicht ein. Um die Zeit nach dem Erlöschen des Feuers möglichst kurz zu halten, wurden die Sicherheitsbestimmungen oft nicht eingehalten. Deshalb waren Lungenkrankheiten, Geschwüre aller Art aber auch Todesfälle ständige Begleiter der Bergleute, die im Durchschnitt selten älter als 35 Jahre wurden.

Eine Erleichterung, aber auch neue Gefahren, brachte die Sprengarbeit mit Schwarzpulver. 1632 erstmals im Harzer Bergbau nachgewiesen, kann davon ausgegangen werden, dass diese vorerst vereinzelt ab 1650 auch in den beschrieben Bergbaugebieten zum Einsatz kam. Dadurch wurde das Feuersetzen allmählich abgelöst. Das Anzünden erfolgte mit der Grubenlampe. Durch Funkenbildung, vorzeitige Explosionen, Explosionsgase u. a. kam es jedoch zu einer Vielzahl tödlicher Unfälle.

Goldspuren in Thüringen

Für diejenigen, die sich auf die Spuren des Thüringer Goldes begeben möchten:

Zum Schauen und Goldwaschen

Deutsches Goldmuseum
Im Grund 4
96528 Theuern
Neumannsgrund in der Grümpen
Tel./Fax: 03 67 66 / 8 78 14

Das Deutsche Goldmuseum in Theuern

Achim Sommer
Schmale Seite 7
98746 Mellenbach-Glasbach
In der Schwarza
Tel.: 01 73 / 3 72 14 57
www.goldwaschen-thueringen.de

Goldwäscherei Richard Chr. Kreibich
Pabststraße 10
99423 Weimar
Schwarza, Grümpen, Katze
Tel./Fax: 0 36 43 / 41 96 17 und Tel.: 40 48 60
www.goldsuche-thueringen.de
auf Anfrage, Mai bis September

Goldwaschen in Katzhütte
Mit Heinz Martin
Über Tourist-Information Katzhütte
Im Herrenhaus
Neuhäuser Straße 15
98746 Katzhütte
Tel.: 03 67 81 / 3 73 88

„Gold- und Mineralien Zauberwelt"
Schul- und Wanderheim,
„Goldwaschen" nach Anfrage, speziell für Kindergruppen
Löschleite 3
98749 Scheibe-Alsbach
Tel.: 03 67 04 / 7 07 90

Ausstellungen
u. a. mit Goldfunden und Kunsthandwerk aus Gold

Naturhistorisches Museum
Schloss Bertholdsburg Schleusingen
Burgstraße 6
98553 Schleusingen
Tel.: 03 68 41 / 53 10

Thüringer Landesmuseum Heidecksburg
Schlossbezirk 1
07407 Rudolstadt
Tel.: 0 36 72 / 42 90-0

Museum für Ur- und Frühgeschichte Weimar
Humboldtstraße 11
99423 Weimar
Telefon: 0 36 43 /81 83 00

Alte Synagoge Erfurt
Waagegasse 8
99084 Erfurt
Tel.: 03 61 / 65 5-16 66

Regionalmuseum Sitzendorf
auf dem Gelände der Sitzendorfer Porzellanmanufaktur
Hauptstraße 26
07429 Sitzendorf
Tel.: 03 67 30 / 2 23 84

Museum Rotschnabelnest Reichmannsdorf
Saalfelder Straße 93
98739 Reichmannsdorf
Tel.: 03 67 01 / 3 00 54

Himmelsscheibe von Nebra
Arche Nebra
An der Steinklöbe 16
06642 Nebra
Tel.: 03 44 61 / 2 55 20
www.himmelsscheibe-erleben.de

Das Original kann man besichtigen:
Landesmuseum für Vorgeschichte Halle
Richard-Wagner-Straße 9
06114 Halle / Saale
Tel.: 03 45 / 5 24 73

Der Goldpfad führt durchs alte Goldbergbaurevier von Almerswind nach Goldisthal

Mineralogische Sammlungen

Mineralogische Sammlung Jena
Sellierstraße 6
07745 Jena
Tel.: 0 36 41 / 94-87 14

Naturkundemuseum Erfurt
Große Arche 14
99084 Erfurt
Tel.: 03 61-6 55 / 56 80

Geowissenschaftliche Sammlung Weimar
Klassik Stiftung Weimar
Abteilung Goethe- Nationalmuseum
Gisela Maul

Frauenplan 1
99423 Weimar
Tel.: 0 36 43 / 5 45-3 17
gisela.maul@klassik-stiftung.de

Bergwerke

Schaubergwerk Saalfelder Feengrotten
Feengrottenweg 2
07318 Saalfeld
Tel.: 0 36 71 / 5 50 40
Fax: 0 36 71 / 55 04 40

Erlebnis Bergwerk Merkers
Zufahrtsstraße 1
36460 Merkers
Tel.: 0 36 95 / 61 41 01

Morassina Gesundheitszentrum
mit Heilstollentherapie und Schaubergwerk
Schwefelloch 1
98739 Schmiedefeld
Tel.: 03 67 01 / 6 15 77

Technisches Denkmal „Historischer Schieferbergbau"
Staatsbruch 1
07349 Lehesten
Tel.: 03 66 53 / 2 62 70 und 03 66 53 / 2 25 15

Wandern:
Goldpfad von Almerswind (Schalkau) bis Goldisthal
Goldwanderweg Sitzendorf

Waschplätze
Neumannsgrund
Katzhütte

Fachtermini mit Erläuterungen

Amalgamation: Goldgewinnungsprozess auf der Basis der Vermischung einer mit Gold durchsetzten, mehlartigen Masse mit Quecksilber. Während die leichteren Begleiter des Goldes sich auf der Oberfläche des Quecksilbers ansammeln, verbindet sich das Quecksilber mit dem Gold. Durch Erhitzen entsteht Quecksilberdampf, das Gold wird isoliert.

Aufwältigung: Wiederherstellen eines verbrochenen oder versetzten Grubenbaues

Bergamt: Oberste Bergbehörde in einer Bergstadt bzw. einem Bergrevier. Das Bergamt bestand aus dem Bergmeister, den Geschworenen und dem Bergschreiber. Das Bergamt kam regelmäßig zusammen, um Entscheidungen zu Bergwerksfragen zu treffen, aber auch um Rechtsfragen zu behandeln.

Bergmeister: Oberster leitender Beamter eines Bergreviers mit Entscheidungsgewalt über alle technischen, organisatorischen und personellen Fragen im Zusammenhang mit dem Bergwerk. Die Bergmeister wurden vom Landesherrn eingesetzt.

Bergbau: Abbau von oberflächennahen Lagerstätten durch kurze, eng nebeneinander liegende Schächte oder Rinnen. Diese Abbauart ersparte zu Beginn der Abbauarbeiten das Anlegen von arbeits- und kostenintensiven Stollen.

Blindschacht: Schacht, der zwei oder mehr Sohlen miteinander verbindet und nicht bis nach über Tage führt.

Fahrt: bergmännische Bezeichnung für Leiter

Freie Bergstadt: Eine Ortschaft, die durch den Bergbau entstanden ist und der durch den Landesherrn ein besonderer Status, verbunden mit besonderen Rechten, verliehen wurde. Steinheid wurden 1530 durch den Kurfürsten Johann dem Beständigen von Sachsen diese Rechte einer „Freien Bergstadt" verliehen. Verwaltet wurde die Bergstadt von einem jährlich neu zu wählenden Richter und Schöffen.

First: jede einen Grubenbau nach oben begrenzende Fläche

Gang: mit Gestein oder Mineralien ausgefüllte Spalte der Erdkruste

Gewerke: Zusammenschluss einer verschieden großen Zahl von Betreibern einer Zeche. Ihre Anteile am Bergwerksbetrieb wurde über die Kuxe geregelt.

Gewerkschaft: frühere Bezeichnung für ein abgegrenztes Bergbaugebiet mit seinen spezifischen Eigentumsverhältnissen

Grube: Bezeichnung für Bergwerk

Halde: durch bergmännische Arbeiten entstandene Anhäufung von Gestein und Mineralmassen

Hammerwerk: maschinell betriebene Eisenhämmer zum Zerkleinern von Gestein, früher meist mit Wasserradantrieb

Hauer: Bergmann, der in den Stollen vor Ort das goldhaltige Quarzgestein abbaute. Die körperlich äußerst anstrengende Arbeit erfolgte in den engen, schlecht ausgeleuchteten Stollen vor allem mit

Schlägel und Eisen. Zudem musste er über ein großes Maß an Erfahrung über das Aufspüren, Verfolgen und dem Abbau der goldhaltigen Teile des Quarzgesteins verfügen.

Hunt: vierrädiger Förderwagen

Knappe: Sammelbegriff für den Bergmann, insbesondere den Hauer

Knappschaft: Die Knappschaft bezeichnete die Gesamtheit der Bergleute, ungeachtet ihrer beruflichen und sozialen Stellung. Der Begriff wurde etwa seit 1426 gebraucht, als in Freiberg die erste Knappschaft gegründet wurde. Sie diente karitativen, sozialen und berufspolitischen Interessen

Kunst: Bezeichnung für alle mechanischen Anlagen im Bergwerk, besonders im Zusammenhang mit einer „Wasserkunst" gebraucht, einer Anlage zur Hebung des Wassers im Bergwerk zum Zwecke der Entwässerung. Bekannt wurde vor allem die Wasserkunst in der Zeche „Güte Gottes" bei Steinheid, deren Wasserrad einen Durchmesser von ca. sieben Meter gehabt haben soll und in einer Tiefe von 52 Meter angebracht war.

Kux: Besitzanteil an einem Bergwerk in Form eines Wertpapiers (d. h. eine Art frühe Aktie). Eine Kux stellt den 128. Teil all dessen dar, was zu einer Zeche gehörte. Besitzer von Kuxen waren zu Beginn des Abbaus vor allen die „Eigenlehner" (selbständig arbeitende Kleinunternehmer) später zunehmend die Grundherren, auf deren Boden sich die Bergwerke befanden und auch Städte in der näheren oder weiteren Umgebung. Betrieben wurde der Handel mit diesen Besitzanteilen durch bergamtlich bestätigte Personen, die „Kuxkränzler“.

Lot(h): Einheit zur Bestimmung des Gewichts von Edelmetallen. Ein Lot entspricht einem Gewicht von 14,625 Gramm.

Mark: Einheit zur Bestimmung des Gewichts von Edelmetallen. Entspricht einem Gewicht von 234 Gramm. (1 Mark = 16 Lot zu 18 Grän)

Mundloch: Die Stelle an der Erdoberfläche, an der mit dem Bau des Stollens begonnen wurde und der dann in der Regel als Eingang des Bergwerks dient.

Pochwerk: Anlage, mit der das Gestein (nass oder trocken) auf eine Korngröße kleiner als einen Millimeter zerstoßen wird. Schwere eisenbeschlagene hölzerne Stempel werden über Zapfen, die sich auf einer mit Wasserkraft betriebenen Welle befinden, angehoben und zerstoßen durch ihr Eigengewicht beim Herunterfallen das Erz. Im Nasspochwerk wird das zerkleinerte Material zusätzlich von Wasser durchflossen, um den Erzschlamm weiterzuleiten und gleichzeitig das schwere Material vom leichten zu trennen.

Probiertiegel: Tiegel aus gebranntem Ton, ca. acht Zentimeter hoch, mit dreieckigem Mündungsquerschnitt. Wurde durch die „Probierer“, einen Beruf in den Bergwerken, in den Münzen und auch in den Laboratorien der Alchemisten und „Goldmacher“ verwendet. Er diente vor allen dem Verschmelzen von Metallen zur Legierung und zur Amalgamierung.

Pinge: durch Einsturz von Grubenbauen an der Tagesoberfläche entstandene Trichter- oder kesselförmige Vertiefung

Revier: Bergbaugebiet

Rösten: Erhitzen des gewonnenen Gesteins in einem offenen Feuer (dem sog. Röststadel) oder in eine speziell dafür angefertigten Röstofen. Die eigentliche Absicht bestand darin, nicht gewünschte Beimengungen, wie Schwefel und Arsen zu entfernen. Im Goldbergbau wurde das „Rösten" jedoch vor allem mit dem Ziel betrieben, entweder das Metall direkt auszuschmelzen, oder, was noch wichtiger war, das Gestein mürbe zu machen, damit es in den Pochwerken und Gesteinsmühlen leichter zu einem Gesteinsmehl, dem „Schlich" verarbeitet werden konnte.

Schacht: senkrechter oder schräg ausgebauter Grubenbau verbindet Sohlen mit der Erdoberfläche, Querschnitt meist rund oder auch rechteckig

Schlägel: Hammer, der mit einer Hand geführt, auf das Eisen schlägt, um Gestein aus dem Verband zu lösen. Schlägel und Eisen gekreuzt wurden etwa um 1400 Symbol des Bergmanns. Der Schlägel, der mit der rechten Hand zu greifen ist, zeigt mit der Spitze nach links, während die Spitze des Eisens nach rechts zeigt.

Schürfen: Suche nach erzhaltigem Gestein nahe der Erdoberfläche

Seifen/Seifner: Gewinnung von schweren Mineralien, in diesem

Falle Gold, mit Hilfe fließenden Wassers. Die Seifner entnehmen das goldhaltige Verwitterungsgestein direkt den Wasserläufen und waschen es dort aus oder sie verwenden für den Waschvorgang hölzerne Gerinne. Das fließende Wasser bewirkt, dass sich das schwere Metall am Boden absetzt und das leichtere Gestein ausgespült wird. Häufig wurde zum Auffangen des Goldes auch ein Schaffell verwendet. Die feinen Goldpartikel, die sonst mit weggespült werden konnten, verfingen sich im Fell und konnten anschließend ausgewaschen werden. (Vermutlich ein sehr altes Verfahren, denn schon die griechische Mythologie erwähnt das „Goldene Vlies" d. h. das goldenen Schaffell).

Seifengabel: Werkzeug zum Aussortieren gröberer Stücke Gesteins. Am vorderen Ende einer längeren Stange befand sich eine zwei oder mehrzinkige Gabel aus Holz oder Metall. Diese Gabel war unterschiedlich geformt. Diese Form der Seifengabel findet sich u. a. auf dem Wappen des Herzogs Schwarzburg-Rudolstadt, zu dessen Herrschaftsgebiet die „Schwarza" gehörte.

Seigerriss: auch Saigerriss, bildlicher Durchschnitt eines Bergwerkes

Sohle: a) Gesamtheit der etwa im gleichen Niveau aufgefahrenen Grubenbaue (von oben nach unten durchnummeriert) b) allgemein die untere Begrenzung eines Grubenbaues („Boden").

Sichersieb-Trog: Schalenförmiges Holzgefäß, wie die Waschpfanne teilweise mit Rinnen versehen, die durch kippende und kreisende Bewegungen eine Trennung von

Gestein, Kies und Sand vom Gold ermöglicht. An die tiefsten Stellen lagert sich das Edelmetall ab, während das leichtere Gestein und der Sand ausgelesen und abgespült werden können.

Steiger: leitender Mitarbeiter im Bergbaubetrieb (z. B. Wetter-, Fahr-, Maschinen- oder Obersteiger)

Stollen: Horizontaler, ohne größere Steigung oder Gefälle in den Berg getriebener Grubenbau.

Trum/Trümer: a) Teil eines Erzganges (z. B. Hangendes Trum), b) ein in der Längsachse abgegrenzter Teil eines Schachtes oder anderen vertikalen Grubenbaues

Überbau: Vertikaler Grubenbau in einer steilen Lagerstätte, der von unten nach oben aufgehauen ist

Verbruchmasse: die beim Zusammenbrechen eines Grubenbaues niedergegangenen Bruchmassen

Vortrieb: Herstellen von untertägigen Strecken und Grubenbauen

Waschpfanne: Ursprüngliches und auch heute noch verwendetes pfannenförmiges Gerät der Goldwäscher.

Zeche: Bezeichnung für Grube oder Bergwerk.

Zehnt: Abgabe des zehnten Teils des geförderten goldhaltigen Erzes (nicht des zehnten Teils des mit dem Bergwerk erzielten Gewinns) an den jeweiligen Landesherrn. Über die Einhaltung der Ablieferung dieser Abgabe wachte der „Zehntner“, der nach dem Bergmeister höchste Beamte in einem Revier.

Literaturverzeichnis

1. Agricola, Georg: De Re Metallica Libri XII, Zwölf Bücher vom Berg- und Hüttenwesen, Reichsdruckerei Berlin, 1928
2. Arnold, Paul und Quellmalz, Werner: Sächsisch-thüringische Bergbaugepräge, VEB Deutscher Verlag für Grundstoffindustrie, Leipzig 1978
3. Andert, Reinhold: Der Thüringer Königshort, Dingsda-Verlag Cornelia Jahns, Querfurt 1995
4. Behm-Blanke, G.: Gesellschaft und Kunst der Germanen. Die Thüringer und ihre Welt, Dresden 1973
5. Brunzel, Ulrich: Das Geheimnis der zwölf goldenen Apostel, Edition Krannich, Grimma 2007
6. Brunzel, Ulrich: Beutezüge in Thüringen, Heinrich-Jung-Verlagsgesellschaft mbH, Zella-Mehlis/Meiningen 2004
7. Divis, Jan: Gold-Stempel, Artia Verlag 1978
8. Edition Krannich: 475 Jahre Bergstadt Steinheid, Grimma 2005
9. Esser, Karl Bernd: Hitlers Gold, Devisen Diamanten, Books on demand GmbH, Norderstedt 2004
10. Eichhorn, Karl u. Böhme, Gottfried: Der Sandberg bei Steinheid, Urania 1979
11. Freyberg, B. von: Die geologische Erforschung Thüringens in älterer Zeit, ein Beitrag zur Geschichte der Geologie bis zum Jahre 1843, Verlag von Gebrüder Borntraeger, Berlin 1932
12. Feustel, Rudolf u. Gall, Werner: Eine keltische Wallanlage auf dem Thüringer Wald, Alt-Thüringen 7, 1964/65
13. Fugmann, Ernst R.: Der Sonneberger Wirtschaftsraum, Max Niemeyer Verlag, Halle (Saale) 1939
14. Frankenstein, Norbert von: Mythos Gold – Die Gier nach Reichtum und Macht, Umschau-Buchverlag Breidenstein GmbH, Frankfurt am Main 1993
15. Gebelein, Helmut: Alchemie, Eugen Diederichs Verlag, München 1991
16. Goff, Jacques: Geld im Mittelalter, Klett-Cotta, Paris 2010
17. Hundt, Rudolf: Geologische Wanderungen durch das obe-

re Saaletal, Ostthüringen und den nördlichen Frankenwald, Hermann Kanitz Verlag, Gera 1923
18. Küßner, Mario: Wehrhafter Würdenträger mit Lockenringen, Thüringisches Landesamt für Denkmalpflege und Archäologie, Weimar 2006
19. Kümpel, Constantin: Bei den Goldsuchern, Edition Krannich, Grimma 2005
20. Kreher-Hartmann, Birgit u. Völksch, Günter: Gold aus der Schwarza – ein Nuggetfund hoher Güte, Veröffentl. Naturhist. Museums Schloss Bertholdsburg Schleusingen, Band 14, Schleusingen 1999
21. Liebmann, R.: Der Untergang des thüringischen Königreiches in den Jahren 531 bis 535 n. Chr., herausgegeben von dem Hennebergischen altertumsforschenden Verein in Meiningen, 24. Lieferung, Kommissionsverlag Brückner & Renner, Meiningen 1911
22. Mey, Eberhard u. Kühn, Wolfgang: Belegestücke thüringischen Goldes im Naturhistorisches Museum Rudolstadt, Rudolstädter nat. hist. Schr. 3, 1990
23. Müller, Klaus u. Otte Andrea: Goldsucher, Einsiedler und Mönche, Holzfäller, Pechsieder und Köhler die einstigen Pioniere der Erschließung des Schiefergebirges am Rande des Schwarzburger Sattels, Vortrag zum Tag des Geotop in Schmiedefeld am 16.09.2007
24. Mrotzek, K. u. Balzer, M.: Dokumentation zur Goldaltbergbausituation im Bereich NBS Ebensfeld – Erfurt, BA 3212, Projekt 1-2767-2003, Terra Montan Suhl 2003
25. Völker, H. L. W.: Das Thüringer Waldgebirge, nach seinen physischen, geographischen, statistischen und topographischen Verhältnissen geschildert, Verlage des Landes-Industrie-Comptoirs, Weimar 1836
26. Pfeiffer, Heinz: Das thüringische Gold als Teil einer kaledonischen Goldprovinz Europas und die Frage ortständischer keltischer Münzprägungen, Vortrag anlässlich der Tagung „Beziehungen zwischen Geologie Vorgeschichte und Denkmalpflege“ am 27. Aug. 1983 in Leipzig

27. Schade, Günter: Deutsche Goldschmiedekunst, Verlag Koehler & Amelang, Leipzig 1974
28. Schade, Markus: Gold in Thüringen, Thüringer Landesanstalt für Geologie, Weimar 2001
29. Schwarz, Klaus: Untersuchungen zur Geschichte der deutschen Bergleute im späten Mittelalter, Akademie-Verlag Berlin, 1958
30. Schwämmlein, Thomas: Die Wallanlage auf dem Herrenberg, Südthür. Heimatblätter, Nr. 9, 2. Jahrgang 1997
31. Seidel, Gerd: Geologie von Thüringen, 2. neubearbeitete Auflage, E. Schweizerbart'sche Verlagsbuchhandlung (Nägele u. Obermiller) Stuttgart 2003
32. Stürzebecher, Maria: Erfurter Schatz, Hrsg., Landeshauptstadt Erfurt, Verlag Dr. Bussert & Stadeler, Jena – Quedlinburg 2009
33. Weise, Christian: Gold, Mineral, Macht und Illusion: 500 Jahre Goldrausch, extra Lapis No. 2, Christian Weise Verlag, München 1998
34. Wichdorff, Hans Heß von: Die Goldvorkommen des Thüringer Waldes und des Frankenwaldes und die Geschichte des Thüringer Goldbergbaus und der Goldwäschereien, Herausgegeben von der Königlich Preußischen Geologischen Landesanstalt, Berlin 1914

Quellenverzeichnis

(Nummern der Zitate)

1, 3, 16:
Agricola, Georg: De Re Metallica libri XII (Bergbau- und Hüttenkunde zwölf Bücher). Übers. und bearb. Von G. Fraustadt und H. Prescher unter Mitwirkung zahlreicher Fachgelehrter. VEB Deutscher Verlag der Wissenschaften, Berlin 1974.

2: Lindner: mehrseitiger Druck der Gemeinde Steinheid unter dem Titel „Sommer- und Winter-Höhenluftkurort 600 Jahre Steinheid“ des Jahres 1956 für Sommer- und Wintergäste, frei käuflich.

4, 5, 6, 7, 8, 9, 10, 11, 13, 14, 15, 18, 19, 20, 21, 22, 23, 26, 27, 28:
Wichdorff, Hans Heß von: Beiträge zur Geschichte des Thüringer Bergbaus und zur montangeologischen Kenntnis der Erzlagerstätten und Mineralvorkommen des Thüringer Waldes und Frankenwaldes. Herausgegeben von der Königlich Preußischen Geologischen Landesanstalt. Im Vertrieb bei der Königlich Preußischen geologischen Landesanstalt

12, 17:
Brunzel, U.: Das Geheimnis der zwölf goldenen Apostel auf den Spuren des Goldes in Sagen, Mythen und Geschichten des Thüringer Raumes, Edition Krannich, Grimma 2007

24: Mey, Eberhard und Kühn, Wolfgang: Belegstücke Thüringischen Goldes im Naturhistorischen Museum Rudolstadt (Thür.), Rudolstädter nat. hist. Schr. 3, 3- 11, 1990

25: Braunschweiger Landeszeitung vom 4. November 1923

29: Liebmann, R.: Der Untergang des thüringischen Königreiches in den Jahres 531 bis 535 n. Chr., als 24. Lieferung neuer Beiträge zur Geschichte des deutschen Altertums, herausgegeben von dem Hennebergischen altertumsforschenden Verein in Meiningen. Verlag Brückner & Renner, Herzogliche Hofbuchhandlung, Meiningen 1911

30: Behm-Blanke, G.: Gesellschaft und Kunst der Germanen, die Thüringer und ihre Welt

31: Stürzebecher, Maria: Erfurter Schatz, Hrsg. Von der Landeshauptstadt Erfurt, Stadtverwaltung, Verlag Dr. Bussert & Stadeler, 2009

32: Esser, Karl Bernd: Hitlers Gold, Devisen & Diamanten – Die geheime Kriegsbeute der USA, Books on Demand GmbH, Norderstedt 2004

33: Mrotzek, K. u. Balzer, M.: Dokumentation zur Goldaltbergbausituation im Bereich NBS Ebensfeld – Erfurt, BA 3212, Projekt 1- 2767-2003, Terra Montan Suhl 2003

34: Frankenstein, Norbert von: Mythos Gold – Die Gier nach Reichtum und Macht, Umschau-Buchverlag Breidenstein GmbH, Frankfurt am Main 1993

35: Brendel, F.: Über das alte bergmännische Geleucht, Freiberger Forschungshefte, Bergbau und Bergleute, Akademie-Verlag, Berlin 1955

36: Küßner, Mario: Wehrhafte Würdenträger mit Lockenringen, aus „Archäologie in Deutschland“, Heft 3/2006

Danksagung

Für die Entstehung dieses Buches möchte ich auf diesem Wege dem Rhino-Verlag Ilmenau und hier Herrn Dr. Lutz Gebhardt sowie Frau Anette Cotta danken.

Dank schulde ich ferner denen, die das Anliegen des Buches durch Dokumentenmaterial, Fotos, Schriftgut, sachbezogene Hinweise und eigene Geländeuntersuchungen unterstützt haben. Hier sind es insbesondere die Herren Frank Beyer (Suhl), Dieter Weiß (Suhl), Hans Peter Gutdeutsch (Ebertshausen), Volker Mattig (Suhl), Herbert Mattig (Katzhütte), Heinz Martin (Katzhütte), Michael Nowack (Wiesbaden), Horst Meder (Karlsruhe), Achim Sommer (Mellenbach), Richard Kreibich (Weimar), Dr. Mario Küßner (Thüringisches Landesamt für Denkmalpflege und Archäologie), Dr. Ralf Werneburg (Naturhistorisches Museum Schloss Bertholdburg Schleusingen), Dr. Eberhard Mey (Thüringer Landesmuseum Heidecksburg in Rudolstadt), Dr. Egon Krannich (Edition Krannich, Verlag für Kulturgeschichte und Medizin, Bennewitz) ferner den Damen Andrea Otte (Morassina Gesundheitszentrum mit Heilstollentherapie und Schaubergwerk Schmiedefeld) sowie Dr. Maria Stürzebecher (Autorin des Buches „Erfurter Schatz").

In besonderem Maße wurde das Buchvorhaben unterstützt von Herrn Klaus Müller (Morassina Gesundheitszentrum mit Heilstollentherapie und Schaubergwerk, Schmiedefeld) der mich aktiv bei der Geländeerkundung und bei der Abfassung des Kapitels über die historische Goldgewinnung im Raum Schmiedefeld – Reichmannsdorf unterstützt hat, ferner Herrn Frank Rudert (Suhl), durch die Anfertigung von Fotodokumentationen der Goldfunde aus Thüringen und internationaler Goldgewinnungsgebiete.

Besonders bedanken möchte ich mich beim Thüringischen Landesamt für Archäologie und Denkmalpflege Weimar u. a. für das Bereitstellen von Fotomaterial.

Schließlich hat mich meine Ehefrau Annemarie bei den unerlässlichen Schreibarbeiten unterstützt.

Abschließend ist anzumerken, dass das vorliegende Buch keinen Anspruch auf Vollständigkeit erhebt. Die historische Bewertung und Aufarbeitung der Goldgewinnung in Thüringen bedarf sicherlich notwendiger Ergänzungen und möglicherweise auch Richtigstellungen.

Anregungen und Hinweise nehmen Verlag und Autor gerne entgegen.